Mel Bay Presents

DANSE CE SOIR!

Fiddle and Accordion Music of Québec

Une collection de 122 pièces traditionnelles et compositions originales pour violon et accordéon.

A collection of 122 traditional and composed tunes for fiddle and accordion.

Transcriptions musicales, accompagnement et textes de

Transcriptions, accompaniment and text by

Laurie Hart & Greg Sandell

Aussi disponible: *Danse ce soir!*, un disque de 32 des airs de ce livre, interprétés par

Also available: *Danse ce soir!*, a CD of 32 of the tunes in this book, played by

Laurie Hart, violon/fiddle
Greg Sandell, piano
Stéphane Landry, accordéon
Paul Marchand, André Marchand, Jean-Claude Mirandette, guitares
Pierre Chartrand, gigue/stepdancing

Pour obtenir des copies du livre ou du disque, visitez:/To order copies of the book or CD, contact:

MEL BAY PUBLICATIONS, INC.
#4 INDUSTRIAL DR., PACIFIC, MO 63069.
1-800-863-5229
Visit us on the Web at www.melbay.com
E-mail us at email@melbay.com

Centre Mnémo
www.mnemo.qc.ca
555, rue des Écoles
Drummondville (Québec)
J2B 1J6 CANADA

Laurie Hart
www.tedcrane.com/lauriehart
243 Cliff St.
Ithaca NY 14850 USA

1 2 3 4 5 6 7 8 9 0

Table des matières/Table of Contents

Avant-propos par Guy Bouchard 3

La musique traditionnelle au Québec par Lisa Ornstein . 3

Remerciements 5

Introduction 6
  À propos de cette collection 7
  Histoire et géographie 10
  Lecture des transcriptions musicales 17
  Rythmes 22
  Style pour instruments mélodiques 24

Style d'accompagnement québécois 28
  Les accords dans ce livre 28
  Pieds 30
  À la Guitare 31
  Au Piano 31

Liste des symboles 37

Section I :
  Airs traditionnels 38

Section II :
  Pièces composées par des violoneux 120

Section III :
  Pièces composées par des accordéonistes 135

Section IV :
  Pièces composées par d'autres instrumentistes 156

Foreword by Guy Bouchard 3

Traditional Music in Québec by Lisa Ornstein 3

Acknowledgements 5

Introduction 6
  About this collection 7
  History and geography 10
  Reading the transcriptions 17
  Rhythm 22
  Style for melody instruments 24

Québécois Accompaniment Style 28
  About the Chords in this Book 28
  Pieds (feet) 30
  Guitar 31
  Piano 31

Key to symbols 37

Section I:
  Traditional tunes 38

Section II:
  Tunes composed by fiddlers 120

Section III:
  Tunes composed by accordionists 135

Section IV:
  Tunes composed by other instrumentalists 156

Appendices

I: Index des Accompagnateurs / Accompanists' Index 167

II : Transcriptions des accompagnements pour piano / Piano Accompaniment Transcriptions 167

III : Organismes, festivals, camps de formation / Organizations, festivals, music camps 179

IV : Discographie/Bibliographie 182

V: Tune Type Index for Contradance Musicians 188

VI: Index des musiciens, des compositeurs et des groupes /Players, Composers and Ensembles Index 188

VII: Index des titres / Title Index 190

Avant-propos par Guy Bouchard

Laurie Hart et Greg Sandell sont tous deux un jour tombés en amour avec la musique traditionnelle québécoise. Ils l'ont si bien apprivoisée, qu'elle est devenue une partie d'eux-mêmes. Musiciens de grand talent, ils sont venus souvent à la source même pour partager les plaisirs des rencontres musicales avec un grand nombre de nos musiciens traditionnels. Avec ce recueil, ils rendent pleinement hommage à ces artisans et offrent à cette musique une toute nouvelle voie de diffusion, autre que la dissémination par tradition orale. Longtemps réservées à la musique savante, les partitions écrites apportent maintenant à la musique traditionnelle une aide-mémoire appréciable et surtout, une reconnaissance qu'elle avait pourtant depuis longtemps méritée! Laurie a choisi un éventail de pièces qui reflête bien non seulement la variété des origines, mais aussi la vivacité et le caractère des interprètes. Des airs anciens aux compositions des plus illustres, elles ont été harmonisées par Greg avec toute l'attention qu'elles méritent. Tous deux se sont inspiré des plus grands interprètes pour réaliser à ce jour, le plus important recueil de musique québécoise. Laurie et Greg...merci.

La musique traditionnelle au Québec par Lisa Ornstein

Faire le tour des derniers vingt ans de musique traditionnelle au Québec, c'est traverser une époque mouvementée. C'est l'ère où l'accordéon atteint sa maturité au Québec et où le violon, longtemps roi et maître, y cède sa place d'honneur. C'est aussi une période marquante pour la reconnaissance officielle de cette musique comme élément fondamental de la culture québécoise. Bref, comme dirait la chanson « y a ben du changement... ». Puis, après avoir été propulsée par une vague d'enthousiasme populaire au début des années 1970, la musique traditionnelle devra naviguer à contre-courant dix ans plus tard.

Au début des années 1970, c'est le grand départ. Symbole important de la fierté culturelle et des aspirations politiques, la musique traditionnelle québécoise connaît un succès fou sur la scène publique. Dans les brasseries, dans les cégeps, et surtout lors des grandes manifestations comme la Veillée des veillées et le Festival d'été de Québec, Louis « Pitou » Boudreault, Philippe Gagnon, Jean Carignan, Yves Verret, Jos Bouchard, Philippe Bruneau et bien d'autres, jouent devant des foules enthousiastes. Pour toute une génération de jeunes urbains plus ou moins coupés de leurs racines, c'est la découverte. Les festivals et les troupes de danse folklorique deviennent les frayères de nouveaux ensembles de jeunes comme La Bottine Souriante, les Ruines-babines, Tradi-son, La Bardasse, Éritage, le Rêve du Diable, etc. À l'arrière-scène, les cinéastes André Gladu et Michel Brault commencent leur merveilleuse série de films, *Le son des Français d'Amérique*, alors que la compagnie de disque Tamanoir lance des douzaines d'enregistrements sonores.

Bien sûr, la musique traditionnelle se propage à travers d'autres courants durant ces années. L'un des plus importants est l'Association québécoise des loisirs folkloriques, établie en 1975. Modelée sur les associations régionales de la Nouvelle-Angleterre, l'AQLF organise des galas et des compétitions à travers la province. Elle rassemble des musiciens généralement plus âgés et plus ruraux qui pratiquaient déjà depuis longtemps et pour lesquels la compétition

Foreword by Guy Bouchard

Laurie Hart and Greg Sandell both fell in love with traditional québécois music a few years ago, so much so that it has now become a part of themselves. Talented musicians, they have often come directly to the source to learn from and play with many of Québec's traditional musicians. With this collection, Laurie and Greg pay homage to these artists and offer a new mode of dissemination for this music, which up until now has been primarily transmitted as aural history. The written music is valuable for learning and as a memory aid, and gives this repertoire recognition that is long overdue. Laurie has chosen a wide range of tunes which reflect not only the variety, but also the vivacity and the character of the players who were her sources. From the old tunes to the modern compositions, the music has been harmonized by Greg with all the attention it deserves. Both were inspired by the greatest players to create this most significant collection of québécois music to date. Laurie and Greg...thank you.

Traditional Music in Québec by Lisa Ornstein

Since the late 1960s, Québec's traditional music has altered decisively. During this time, the accordion came of age in Québec, and the fiddle, long lord and master, yielded its place of honor. After riding a wave of widespread enthusiasm in the 1970s, traditional music had to navigate its way upstream in the 80s and early 90s. The last thirty years has also been a critical period for official recognition of traditional music as a fundamental element of Québec culture.

In the beginning of the 1970s, traditional music experienced incredible mainstream popularity in Québec as an important symbol of québécois cultural pride and separatist political aspirations. At pubs, at CEGEPS (combination upper high school/junior college), and especially at high-profile cultural events such as the Veillée des Veillées and Québec City's Summer Festival, musicians such as Louis Boudreault, Philippe Gagnon, Jean Carignan, Yves Verret, Jos Bouchard, Philippe Bruneau, and many others played to huge, enthusiastic crowds. For an entire generation of urban youth largely cut off from their roots, Québec's folk music was a great discovery. Festivals and folk dance troupes became spawning grounds for new groups of young musicians such as La Bottine souriante, Les Ruines-babines, Tradi-son, La Bardasse, Éritage, and Le Rêve du diable. Against this background, filmmakers André Gladu and Michel Brault began their marvelous 27-film series, *Le son des Français d'Amérique*, (*The Sound of the French of America*), and the record company Tamanoir released dozens of sound recordings.

Of course, traditional music circulated through currents other than the mainstream during those years, one of the most significant being l'Association québécoise des loisirs folkloriques, established in 1975. Modeled after regional fiddlers' associations in New England, the AQLF organized galas and contests throughout the province. It generally brought together older, rural musicians who had played for years, and who found the ambiance of contests and galas more comfortable than those of the pub and festival scenes.

et le gala sont plus confortables comme lieux de rencontre que les brasseries et les festivals. C'est la même clientèle qui écoutait attentivement *Soirée canadienne*, *À la canadienne* et les autres émissions de l'époque. Au plus loin des remous, dans l'intimité des foyers et des petites salles de danse, se perpétuent des répertoires familiaux et régionaux, grâce aux dynasties musicales des Verret, Messervier, Pigeon, Gosselin, Corrigan et bien d'autres.

Au debut des années 1980, le climat politique au Québec change radicalement. Presque du jour au lendemain, la vogue de la musique traditionnelle québécoise s'effondre. D'abord saturé par dix ans d'engouement, le grand public se désaffectionne de ce symbole de rêve inachevé. Pour les prochaines quelques années, la grande scène et les médias sont peu ou prou accessibles. Malgré les intempéries, les années 1980 sont loin d'être une période de sécheresse pour la musique traditionnelle québécoise. Profondément enracinée et riche de ses propres sources, elle continue à tournoyer.

L'essor le plus remarquable de ces années-là est certes celui de l'accordéon, tant par le nombre grandissant des fabricants d'instruments et le talent des compositeurs que par la virtuosité des interprètes. Cet épanouissement de l'accordéon se double d'un engagement au maintien d'un style et de la création d'un répertoire distinctif. Les grands talents abondent : Philippe Bruneau, Marcel Messervier, Yves Verret, Raynald Ouellet, Francine Desjardins, Clément Breton, Réjean Simard, Denis Pépin, pour n'en nommer que quelques-uns.

Pour le violon, le bilan des années 1980 est moins évident. Alors que l'on perd des géants tels Jules Verret, Jos Bouchard, Jean Carignan et Louis « Pitou » Boudreault qui conservaient des manières de jouer bien distinctes, une bonne part de la jeune génération semble être attirée vers le répertoire de l'Irlande et de la vallée de l'Outaouais. Les concours, tout en créant des lieux de rencontre et d'échange, contribuent cependant au nivellement du style et du répertoire des violoneux. Comme me disait un vieux concurrent : « Plus on joue du québécois, moins on a de chance de gagner ».

En ce qui concerne la mise en valeur de cette musique, l'aspect le plus mémorable des années 1980 consiste dans la consolidation des efforts pour obtenir une véritable reconnaissance gouvernementale pour l'ensemble des arts traditionnels. Lassés du manque de reconnaissance du gouvernement provincial dont la politique culturelle exclut les aspects intangibles du patrimoine, les entêtés des Danseries de Québec (l'actuel Centre de valorisation du patrimoine vivant), de la Société pour la promotion de la danse traditionnelle québécoise, de l'AQLF et d'autres organismes, initient une campagne auprès du ministère des Affaires culturelles pour faire reconnaître le patrimoine vivant.

À l'aube de l'an 2000, la musique traditionnelle québécoise continue à tirer les bordées, récoltant de nouveaux répertoires, en délaissant d'autres, créant aussi de nouveaux modes de transmission en même temps qu'elle abandonne en partie les anciens, héritant de jeunes virtuoses pendant que les géants disparaissent un à un. Bien que certains aspects de son avenir laissent des points d'interrogation, chose certaine c'est au son du violon et de l'accordéon que le Québec accueillera le nouveau millénaire.

Lisa Ornstein est directrice des Archives acadiennes de l'Université du Maine à Fort Kent (États-Unis).

Reproduit, avec permission, de *Le Guide de la danse et de la musique traditionnelles du Québec*, édition 1994, Centre Mnémo.

These were the same folks who faithfully listened to *Soirée canadienne*, *À la canadienne*, and other television and radio broadcasts of the era which featured traditional music. In the quiet, more intimate backwater settings of kitchens and small dance halls, family and regional repertoires were perpetuated by the musical dynasties of Verret, Messervier, Pigeon, Gosselin, Corrigan, and others.

In the early 1980s, Québec's political climate changed radically, and enthusiasm for québécois folk music came to an abrupt end. The general public, saturated by a decade-long folk music craze, turned its back on what was now the symbol of a broken dream for an independent, sovereign Québec. For the next several years, folk musicians found the big venues and media virtually inaccessible. Nonetheless, the 1980s were far from being a period of drought. Deeply rooted and rich in its own resources, Québec's folk music continued to thrive.

Without a doubt, the most remarkable blossoming of the 1980s was that of the accordion, heralded by an unprecedented increase in instrument-makers, talented composers, and virtuoso players. The accordion's burgeoning popularity was accompanied by a commitment from its proponents to a distinctively québécois style and repertoire. Great talents abounded: Philippe Bruneau, Marcel Messervier, Yves Verret, Raynald Ouellet, Francine Desjardins, Clément Breton, Réjean Simard, Denis Pépin, to name only a few.

For québécois fiddle, the 1980s was a period of somewhat painful transition. Legendary players with distinctive styles and repertoires were disappearing—players such as Jules Verret, Jos Bouchard, Jean Carignan, and Louis "Pitou" Boudreault. At the same time, many younger players seemed drawn towards the repertoires of Ireland and the Ottawa Valley. Fiddle contests, while offering places for musicians to meet and share, also contributed towards the disappearance of distinctive styles and repertoires. As an older competitor said to me: "The more you play québécois, the less chance you'll win."

With regard to public appreciation for traditional québécois music, the most memorable feature of the 1980s was the consolidation of efforts to obtain provincial governmental recognition for the traditional arts as a whole. Québec's preservation programs excluded intangible culture, resulting in a policy of benign neglect for its folk arts. Fed up with this situation, leaders of organizations such as Danseries de Québec (the current Centre de valorisation du patrimoine vivant), the Société pour la promotion de la danse traditionnelle québécoise, and the AQLF initiated a campaign directed at the Ministry of Cultural Affairs to officially recognize folklife and folk arts.

At the dawn of the 21st century, traditional québécois music continues its journey, amassing new repertoires, forsaking others, creating new modes of transmission while giving up some of the old ways, inheriting young virtuosos as past luminaries disappear one by one. Although certain aspects of its future are in question, one thing is certain: Québec will ring in the new millenium to the sound of the fiddle and the accordion.

Lisa Ornstein is the Director of the Acadian Archives of the University of Maine at Fort Kent.

Translated and reprinted, with permission, from *Guide de la danse et de la musique traditionnelles du Québec*, 1994 edition, Centre Mnémo.

Remerciements

Tout d'abord merci aux artistes et compositeurs dont la musique est présentée dans ce livre. Nous espérons avoir contribué à maintenir et faire prospérer votre musique.

Un grand merci aux interprètes nombreux et respectés de la musique québécoise qui nous l'ont fait découvrir et aimer : les artistes du Champlain Valley Festival, du Fiddle and Dance Camp d'Ashokan et tout particulièrement Lisa Ornstein et La Bottine souriante qui sont les sources de près de la moitié des airs présentés dans ce livre.

Merci à Kate Palmer qui incita Greg à participer au Champlain Valley Festival en 1986 ; et à Bob Berch pour avoir aidé Laurie à joindre pour la première fois l'Ashokan ainsi que pour toutes les années passées ensemble à apprendre des mélodies et à jouer pour des danses. Merci à tous ceux qui nous apprirent des airs québécois et mirent leurs albums à notre disposition : Rich Sobel, Debbie & Peter Blue, Barbara Mendelssohn, Laurie Riven et le reste de *Quebequasi*, Val Mindel, Walter Weber & Sara Hiebert.

Merci à Jean-Paul Loyer et sa famille, Hugo Mainville et sa famille, Claude Méthé, Dana Whittle, Laura Sadowsky, Guy Bouchard et Chris DeGolyer pour leur hospitalité et pour avoir cru dans notre musique et notre idée de livre. Merci aussi à Sandrine Sabatier-Hvidkjaer et au Centre Mnémo (Pierre Chartrand et Éric Favreau) pour leurs traductions en français, Noni Korf Vidal pour ses traductions en anglais, et Franck Vidal pour l'aide supplémentaire à la traduction. Merci à Guy Bouchard, Pierre Chartrand, Eric Corrigan, Yvon Cuillerier, Michel Faubert, Richard Forest, Dorothy Hogan, Jean-Pierre Joyal, Daniel Lemieux, Danielle Martineau, Lisa Ornstein, Raynald Ouellet, Adélard Thomassin, Daniel Roy, Jean-Marie Verret, Production Mille-Pattes/La Bottine souriante, et le Centre de valorisation du patrimoine vivant (CVPV) pour nous avoir gracieusement fourni des photographies, et à Chris Duncan pour avoir dessiné les cartes. Nous sommes reconnaissants à Gabriel Labbé pour ses deux livres sur l'histoire de la musique traditionnelle enregistrée au Québec, deux sources inestimables d'information utilisées pour les extraits biographiques de plusieurs musiciens apparaissant dans le texte principal.

Merci à tous ceux qui ont relu notre manuscrit, rejoué les pièces, répondu à nos questions et apporté de précieuses suggestions : Guy Bouchard, Dorothy Hogan, Val Mindel, Walter Weber, Neal Massa, Vikki Armstrong, Janine Massa, Camille Doucet, Dave Nutter, Alexandre De Grosbois, Sue Smith, John White, et en particulier le Centre Mnémo (Pierre Chartrand et Éric Favreau) pour la révision globale du texte, et Lisa Ornstein des Archives acadiennes de l'Université du Maine de Fort Kent, qui généreusement, passa de longues heures à réviser le texte et les transcriptions des pièces qu'elle nous enseigna.

Un merci tout particulier à Bob Berch pour avoir veillé au bon déroulement de ce projet par son intérêt et son assistance informatique au-delà de toutes obligations.

Nous remercions enfin nos familles pour leur patience.

Acknowledgements

Thanks go first to all the players and composers whose music appears in this book. We hope this book will help your music to endure and thrive.

A big thanks to the many respected exponents of québécois music whose fine playing made us fall in love with this music in the early days: the artists of the Champlain Valley Festival and Fiddle and Dance Camp at Ashokan, especially Lisa Ornstein and La Bottine souriante. Lisa and La Bottine were our sources for about half the tunes included in this book.

Thanks to Kate Palmer who urged Greg to take the road trip to the Champlain Valley Festival in 1986; and to Bob Berch for helping Laurie get to Ashokan for the first time, and for all the years of learning tunes and playing dances together. Thanks to the many others who taught us québécois tunes and lent us albums along the way: Rich Sobel, Debbie and Peter Blue, Barbara Mendelssohn, Laurie Riven and the rest of *Quebequasi*, Val Mindel, Walter Weber and Sara Hiebert.

Thanks to Jean-Paul Loyer and family, Hugo Mainville and family, Claude Méthé, Dana Whittle, Laura Sadowsky, Guy Bouchard and Chris DeGolyer for their hospitality and for believing in our music and the idea for this book. Thanks also to Sandrine Sabatier-Hvidkjaer and to Centre Mnémo (Pierre Chartrand et Éric Favreau) for translating to French, Noni Korf Vidal for translating to English, and Franck Vidal for extra translation help. Thanks to Guy Bouchard, Pierre Chartrand, Eric Corrigan, Yvon Cuillerier, Michel Faubert, Richard Forest, Dorothy Hogan, Jean-Pierre Joyal, Daniel Lemieux, Danielle Martineau, Lisa Ornstein, Raynald Ouellet, Adélard Thomassin, Daniel Roy, Jean-Marie Verret, Production Mille-Pattes/La Bottine souriante, and Centre de valorisation du patrimoine vivant (CVPV) for donating photographs, and to Chris Duncan for creating the maps. We are indebted to Gabriel Labbé for his two books on the history of recorded traditional music in Québec; these were invaluable sources of information for the capsule biographies of individual musicians that appear in the main text.

Thanks to all the people who read over our manuscript, played through the tunes, answered questions, and made helpful suggestions: Guy Bouchard, Dorothy Hogan, Val Mindel, Walter Weber, Neal Massa, Vikki Armstrong, Janine Massa, Camille Doucet, Dave Nutter, Alexandre De Grosbois, Sue Smith, John White, and especially Centre Mnémo (Pierre Chartrand et Éric Favreau) for their review of the entire text, and Lisa Ornstein of the Acadian Archives at the University of Maine at Fort Kent, who generously spent many hours going over the text and the transcriptions of tunes we learned from her.

Special thanks again to Bob Berch for keeping this project rolling with his interest and his computer work beyond the call of duty.

Finally, thanks to our families for their patience.

Introduction

par/by Laurie Hart

À propos de cette collection 7
   Pourquoi un livre de pièces québécoises? 7
   Le choix des pièces 8
   Structure du livre 9
   Titres des pièces 9
Histoire et géographie 10
   Introduction historique à la musique et à la danse
   traditionnelles québécoises 10
   Cartes du Québec 14
Lecture des transcriptions musicales 17
   Types de pièces 17
   Tempo 18
   Irrégularités métriques 18
   Formes, répétitions et structures 19
   Tonalités et modes 20
   Versions et variations 20
   Ornementation 21
Rythmes 22
   Swinger les croches 22
   Accents, structure d'accents mobiles,
   et syncopes 23
   Pauses, souffles et notes staccato 23
Style pour instruments mélodiques 24
   Au violon 24
      Suggestion d'enregistrements 24
      Cordes ouvertes et bourdons 24
      Scordatura 24
      Maniement de l'archet 24
   À l'accordéon 26
      Suggestion d'enregistrements 26
      L'instrument 26
      Syncopes, ornementation et articulation 26
      Adaptations de pièces de violon 27
   Suggestion d'enregistrements pour d'autres
   instruments 27

About this collection 7
   Why a book of québécois tunes? 7
   How we chose the tunes 8
   How the book is organized 9
   Tune titles 9
History and geography 10
   A short history of traditional québécois
   instrumental music and dance 10
   Maps of Québec 14
Reading the transcriptions 17
   Tune types 17
   Tempo 18
   Metric irregularities 18
   Form, repeats and framing 19
   Keys and modes 20
   Versions and variations 20
   Ornamentation 21
Rhythm 22
   Swing eighth notes 22
   Accents, the moveable accent pattern,
   and syncopation 23
   Rests, breaths, and staccato notes 23
Style for melody instruments 24
   Fiddle 24
      Recommended listening 24
      Open strings and drones 24
      Cross-tunings (scordatura) 24
      Bowing 24
   Accordion 26
      Recommended listening 26
      The instrument 26
      Syncopation, ornamentation and articulation . 26
      Adaptations of fiddle tunes 27
   Recommended listening for other
   instruments 27

À propos de cette collection

Pourquoi un livre de pièces québécoises?

Nous avons fait la connaissance de la musique instrumentale québécoise pour la première fois en 1986 au Champlain Valley Festival se déroulant dans le Vermont. Le coup de foudre fut immédiat. Nous sommes revenus, année après année, au Champlain Valley Festival ainsi qu'à l'Ashokan Northern Week Fiddle and Dance Camp situé dans l'état de New York, où les artistes québécois jouent et enseignent leur musique. Greg et moi commençâmes à transcrire pour notre usage personnel des pièces apprises lors de rencontres musicales, classes, danses, concerts, enregistrements, et à les jouer pour des soirées de danses dans le nord-est, l'ouest et le centre-ouest des États-Unis. Nous présentâmes ces pièces à des amis qui à leurs tours les présentèrent à d'autres. À plusieurs reprises nous eûmes le plaisir de voir nos transcriptions nous revenir de l'autre bout du pays, fort pâlies par plusieurs générations de photocopies. La soif de partitions québécoises, notre désir d'avoir ces pièces rassemblées dans un seul et unique recueil facile d'utilisation pour nous et nos amis, les demandes répétées et les nombreux encouragements nous décidèrent à publier cette collection.

Inutile de préciser que le projet initial devint plus ambitieux et complexe. Au lieu de transcrire nos propres versions, nous décidâmes de retourner aux sources d'origine, d'analyser le style de divers instruments et de fournir des informations d'ordre général : biographie, discographie, ainsi que des index. Nous espérons réussir à vous transmettre non seulement des pièces de « troisième main » mais aussi l'atmosphère et la vie émanant de cette musique.

Les publications et documents traitant de la musique instrumentale traditionnelle au Québec sont peu nombreux. Quand nous commençâmes ce projet, en 1992, il n'y avait quasiment aucun recueil de pièces consacré au répertoire instrumental du Québec à l'exception de deux livres, en rupture d'imprimerie, de Carmelle Bégin sur Jean Carignan et Philippe Bruneau. Durant les dernières années, quelques recueils de pièces traitant d'un musicien ou d'un répertoire particulier sont apparus. À notre connaissance, ce livre est le premier à rassembler autant de pièces issues de styles et de sources aussi variés. Il ne représente cependant que la pointe de l'iceberg du répertoire.

Pendant des années, jouant avec les musiciens québécois et les écoutant lors de sessions musicales ou sur des enregistrements, nous avons trouvé de multiples versions incompatibles pour plusieurs pièces, plusieurs compositions originales (dont le nombre ne cesse d'augmenter chaque jour), d'étranges versions personnelles de pièces québécoises familières et des versions de pièces irlandaises ou écossaises à peine reconnaissables. Ceci fut probablement une conséquence de l'isolement géographique des musiciens vivants dans des petites villes, localités rurales et campements forestiers durant les longs hivers. Traditionnellement, les violoneux se produisaient souvent à tour de rôle durant les veillées, se relayant quand l'un d'eux était fatigué et étaient ainsi libres d'improviser leurs propres variations plutôt que de jouer à l'unisson avec un autre musicien.

Il est pour cela difficile pour des musiciens n'ayant jamais beaucoup joué ensemble, d'improviser une rencontre musicale, ou pour une

About this collection

Why a book of québécois tunes?

We first encountered the traditional instrumental music of Québec at the Champlain Valley Festival in Vermont in 1986. It captured our hearts and we came back year after year to Champlain, and to Ashokan Northern Week Fiddle and Dance Camp in New York State, where musicians from Québec performed and taught their music. Greg and I began transcribing tunes from jam sessions, classes, dances, concerts and recordings for our own use, and performing the tunes at contradances around the Northeast, West and Midwest U.S. We began sharing them with friends, who in turn shared them. A few times we had the delight of seeing our own transcriptions bounce back to us after a series of musical hops from one end of the country and back, much fainter after several generations of photocopying. The thirst for printed québécois music, our own desire to have the tunes in a single, convenient bound notebook, both for us and our friends, and many requests and much encouragement, led us to decide to publish this collection.

Needless to say, the project grew in ambition and became more complex. We decided not to transcribe our own versions, but instead to go back to the original sources, to analyze the style on various instruments, and to provide biographical and other background information, indexes and a discography. We hope to give you not just written tunes at third hand, but access to the living, aural sources of this music.

Very little has been published or documented about traditional instrumental music in Québec. When we began this project in 1992, there were almost no tune collections devoted to Québec's instrumental repertoire in existence, except two out-of-print books by Carmelle Bégin about Jean Carignan and Philippe Bruneau. In the last couple years, a few tunebooks have appeared which have focussed on specific players or sub-sets of the repertoire. As far as we know, this is the first book to bring together so many tunes from such a wide range of styles and sources. And it is only the tip of the iceberg as far as the repertoire is concerned.

Over the years of playing with musicians from Québec and listening to this music live and on recordings, we have found multiple incompatible versions of tunes, many original tunes (and more being composed every day), quirky personal versions of familiar québécois tunes, and barely-recognizable versions of Irish or Scottish tunes. This probably came about because of the historical isolation of musicians in small towns, rural areas, logging camps, and over long winters. Fiddlers traditionally played alone at kitchen dance parties (veillées), with one taking over when another got tired, so fiddlers were free to develop their own personal variations rather than playing in sync with another player.

All this makes it difficult to get a jam session going among musicians who haven't played much together, and difficult

personne peu familière au style, de savoir où commencer. D'un autre côté, ceci témoigne de la vitalité musicale, de la créativité et de la fidélité au répertoire familial des musiciens. En Irlande, les 78 tours de Michael Coleman et d'autres artistes eurent tant d'influence que le succès des versions enregistrées grandissant, des variations personnelles et régionales des pièces disparurent. Par contre, au Québec, malgré la forte popularité des artistes et de leurs albums dans la première moitié du siècle, de nombreuses personnes continuèrent à jouer leur répertoire familial, ainsi que des versions personnelles d'airs connus, plutôt que celles qu'ils entendaient à la radio ou sur les enregistrements.

Enregistrements et recueils de pièces ont leurs avantages et inconvénients. Ils peuvent avoir tendance à homogénéiser le répertoire mais ils préservent aussi sa variété. Nous avons essayé de présenter une grande diversité de musiciens, bon nombre desquels sont peu connus en dehors, et parfois même à l'intérieur, du Québec. Bien que les transcriptions donnent forcément une image instantanée et figée des pièces, nous sommes convaincus que des transcriptions pointilleuses associées à des enregistrements contribuent à documenter et perpétuer cette belle tradition musicale.

Aux lecteurs de ce livre, nous conseillerons d'écouter, d'écouter et d'écouter! Nous espérons que vous ne jouerez pas seulement les notes mais apprendrez également le style. Nous donnons des conseils de style, mais la seule et unique façon de vraiment développer un son québécois est d'écouter bien plus que de lire ou de jouer. On peut écouter 32 de ces airs sur le disque qui accompagne ce livre, et presque toutes les pièces possèdent une référence discographique. Dans les parties suivantes traitant du style des instruments mélodiques et d'accompagnement, nous vous suggérons quelques albums facilement disponibles par lesquels commencer. La discographie située à la fin du livre vous aidera à trouver d'autres albums de vos musiciens favoris ainsi qu'à découvrir de nouvelles mélodies. L'interprétation vivante du répertoire étant toujours préférable, nous vous proposons une liste des festivals et camps de danse (Appendice III) qui vous permettront cette audition et cet apprentissage directs auprès des musiciens.

Le choix des pièces

Utilisant nos propres goûts et notre expérience pour procéder à une sélection parmi l'énorme répertoire, nous avons fait un effort particulier pour que le livre reflète l'éventail complet de la musique traditionnelle québécoise. Bon nombre de pièces ne sont jamais parues auparavant sous forme écrite. Certaines n'ont jamais été enregistrées, ou si elles l'ont été, ces albums ne sont plus disponibles aujourd'hui. Nos sources comprennent des musiciens traditionnels bien connus et aussi beaucoup d'autres qui le sont moins ; de chaque interprète et compositeur important du Québec, certains disparus depuis des années, d'autres encore relativement jeunes. La plupart d'entre eux sont violoneux et accordéonistes. Ces deux instruments sont, en effet, les principaux instruments mélodiques utilisés au Québec à quelques exceptions près. Nous incluons des pièces présentant les différentes métriques utilisées pour la danse traditionnelle (reel, galope, 6/8, valse, etc.). Nous avons sélectionné des pièces variées d'origine française et des Îles britanniques, des mélodies d'influence européenne ou américaine (fin 19e ou début 20e siècle), ainsi que des compositions contemporaines. Une partie des airs sont des classiques, disponibles sur de nombreux albums et régulièrement joués lors de sessions musicales et de bals, d'autres sont plus méconnues. Débutants ou initiés, nous espérons que vous trouverez de quoi satisfaire vos goûts.

---

for a newcomer to the style to know where to start. On the other hand, it is a testimony to the vibrancy of the music and the creativity and family loyalty of the musicians. In Ireland, the 78-rpm records of Michael Coleman and others were so influential that regional and personal variations of tunes were cast aside as people emulated the recorded versions. In Québec, however, despite the enormous popularity of recording artists in the first half of this century, many people continued to play unique family repertoires and tune versions rather than what they heard on recordings and radio.

There are advantages and disadvantages of recordings and tunebooks. They can tend to homogenize the repertoire, but they can also preserve its variety. We have attempted to showcase a wide variety of players, many of whom are little known outside and even inside Québec. Although these written tunes are necessarily snapshots, we believe that accurately-transcribed performances, augmented by listening to recordings, can help document and propagate this beautiful musical tradition.

Our biggest advice to users of this book is to listen, listen, listen! We hope you will not just play the notes, but learn the style. We've given style pointers in writing, but the only way to really develop a québécois sound is to listen a lot more than you read or play. You can hear 32 of these tunes on the accompanying CD, and nearly every tune has discographic references. In the sections below on style for melody and accompaniment instruments, we suggest a few easily obtainable recordings with which to start. The discography at the end of the book will help you find more recordings of your favorite players and discover new music as well. Hearing the music live is even better, and we list a few festivals and dance camps in Appendix III where you can hear and learn from musicians directly.

How we chose the tunes

We have made an effort to have the book reflect the entire spectrum of traditional music in Québec, while applying our own taste and performing experience in selecting from the enormous repertoire. Many of the tunes have never before appeared in print, and some have never been recorded or are only heard on out-of-print recordings. Our sources include well-known traditional musicians and many lesser-known players as well. We have tried to include a few tunes from the repertoires of all the province's major players and composers in the 20th century, some of whom passed away years ago and some of whom are still quite young. Most are fiddlers and accordionists, as these are the two major melody instruments used in Québec, but some are players of other instruments. We include tunes in the various meters used in traditional dance (reel, galope, 6/8, waltz, etc.). We chose a wide variety of older French- and Celtic-derived tunes, late 19th-early 20th century European- or U.S.-influenced melodies, and contemporary compositions. Some of the tunes are classics, available on multiple recordings and often heard at dances and get-togethers, while others are more obscure. We hope you will find something to suit your tastes, whether you are just beginning or know hundreds of tunes already.

Structure du livre

Nous avons choisi de présenter les mélodies selon leur source (interprète ou compositeur) plutôt que par leur titre. Les pièces de compositions personnelles sont d'abord présentées par instrument (violon, accordéon et autres) puis par compositeur. Les pièces traditionnelles (pièces dont les origines ou l'auteur sont aujourd'hui inconnues) sont, elles, présentées alphabétiquement par interprètes. Ces dernières ont été bien sûr reprises par différents musiciens au cours des années. Pour organiser la diversité du répertoire instrumental québécois, nous avons tenté de retrouver les sources les plus anciennes de chaque pièce traditionnelle de manière à renouer avec les spécificités régionales, familiales et personnelles qui ont tendance à disparaître au fil du temps. Nous avons également inclus, dans la partie traditionnelle, de vieilles mélodies qui sont en fait des versions d'airs écossais dont le nom du compositeur est connu. Elles ont cependant été altérées à tel point que celui-ci ne les reconnaîtrait probablement pas.

Nous avons fourni un effort considérable pour retracer l'origine des pièces et les associer à leurs compositeurs (quand ils sont connus), mais il est impossible de savoir avec certitude si une pièce est ou non traditionnelle. Nous remercions d'avance les lecteurs pour toutes informations complémentaires qu'ils pourraient apporter sur ces pièces et nous leur demandons de nous pardonner pour toutes erreurs que nous ayons pu commettre. Les commentaires accompagnant chaque pièce mentionnent des versions d'autres artistes ainsi que les sources disponibles d'enregistrement. Pour une liste plus complète des musiciens et groupes présentés dans ce livre, veuillez consulter l'Appendice VI. Lorsque aucune source d'enregistrement n'est mentionnée, la pièce a été transcrite soit d'après l'interprétation vivante du musicien, soit lors d'une session musicale ou d'un atelier, ou encore d'un enregistrement non professionnel ou d'une visite chez le musicien, et non à partir d'un enregistrement offert au grand public.

Titres des pièces

Bien qu'une bonne partie du répertoire ait des titres stables et reconnus dans l'ensemble du territoire, les pièces sont souvent renommées selon l'univers familier des musiciens (parents, amis, lieu...), perdant ainsi leur titre « officiel ». Les musiciens ne connaissent pas toujours le titre des pièces qu'ils jouent, les oublient ou en inventent de nouveaux.

Les titres que nous avons utilisés, ainsi que tout autre titre que nous avons enregistré, sont répertoriés dans l'index des titres. Quand aucun titre n'était connu, nous avons choisi de nommer la pièce donnée par son genre (reel, valse ou 6/8) suivi de sa tonalité.

How the book is organized

We have chosen to emphasize sources over titles in ordering the tunes in this book. Composed tunes are organized first by the composer's instrument (fiddle, accordion or other), then by composer's name. Traditional tunes (tunes whose compositional origins are lost to time) are arranged alphabetically by player. Obviously, traditional tunes are played and recorded by several musicians over the years. As a way of organizing the diverse instrumental repertoire of Québec, we felt it was helpful to trace each traditional tune back to the earliest source player we could identify, in order to reveal regional, family, and personal styles, which tend to get diluted over time. In the traditional section we also include a few tunes which are versions of old Scottish tunes whose composers are known; they have been altered so much by the folk process that the original composers might not recognize them.

We have made a considerable effort to trace the origins of the tunes and give credit to composers where known, but it is impossible to be certain that a tune is traditional. We would appreciate hearing from readers who have more information about any of these tunes, and we apologize for any errors we have made. The information accompanying each tune sometimes describes other players' versions as well as recorded sources for the tune. Please consult Appendix VI for a more complete reference to the musicians and groups whose tunes appear in this book. If no recorded source is given, it means we transcribed the tune from a live performance, jam session, workshop, informally-recorded cassette, or personal visit with the player, rather than from a commercially available recording.

Tune titles

Although a good part of the repertoire has titles which are stable and known throughout Québec, tunes are often renamed according to the musician's own world (after relatives, friends, or places, for example), thus losing their "official" name. Players do not always know the titles of the tunes they play, forget them, or make up new ones.

Titles we have used for the tunes, and any alternate titles we came across, can be found in the title index. When we could not find any title for a tune, we made our own title, which consists of the form of the tune (reel or 6/8), followed by the key. (In Québec, solfeggio names, with do fixed on C, are used to name notes, keys, and chords. However, chord charts are written using letter names.)

Example 1 : Solfeggio

Example 1: Solfeggio equivalents

Nous avons numéroté les pièces dans les rares cas où deux mélodies répertoriées avaient le même nom ou lorsque deux reels sans titre et dans la même tonalité provenaient du même auteur.

In a few cases where there were two tunes in the book with the same name, or two untitled reels in the same key from the same player, we have added numbers to differentiate them.

Histoire et géographie

Introduction historique à la musique et à la danse traditionnelles québécoises

Quand ils traversèrent l'océan vers le nouveau monde, les pionniers des colonies françaises semblent avoir apporté avec eux leurs chansons traditionnelles sans leurs instruments de musique populaire. Ainsi, au lieu des bombardes bretonnes, des cornemuses françaises et des vielles, l'omniprésent violon européen fut l'instrument adopté par les citoyens de toutes classes pour la musique de danse. Dans le Québec rural et ouvrier, le violon était l'unique instrument mélodique, autre que la guimbarde ou la turlutte, utilisé dans la musique de danse, et ce, jusqu'à la fin du 19e siècle. Cette musique de violon n'était pas accompagnée par des instruments mélodiques mais plutôt par des percussions telles le tapement des pieds, les os et les cuillères. Les violons étaient eux-mêmes souvent de fabrication artisanale.

La musique de violon était synonyme de musique de danse. Jean Trudel, dans les notes du livret d'accompagnement d'un disque sur Jules Verret (1975), écrit qu'elle « fait danser vos pieds malgré vous, une musique active, une musique de corps, peu propice à l'écoute passive ou aux salles de concerts …. Son âme tire ses racines dans la cuisine franco-canadienne, centre nerveux de toute vie traditionnelle, et qui peut, dans l'espace de quelques secondes, être dépouillée de ses meubles et transformée en parquet de danse ».

Musique et danse étaient associées avec mariages et autres fêtes familiales, Noël, le Nouvel An, la période d'hiver précédant le Carême et les activités organisées par la communauté telle que les réunions de filage et les constructions de granges. Les soirées de danse dénommées **bals** et les soirées privées dénommées **veillées** duraient souvent jusqu'à l'aube, les mariages s'étendaient fréquemment sur trois à cinq jours. Chaque paroisse avait un ou deux violoneux et les musiciens étaient des membres importants de la communauté.

Simonne Voyer, ethnographe spécialiste de la danse, commença dans les années 50 à répertorier les danses traditionnelles toujours existantes au Canada français. Les informations suivantes portant sur les racines européennes de la danse au Québec proviennent de son livre, *La Danse traditionnelle dans l'Est du Canada*. Au 17e siècle, en Angleterre, la haute société commença à danser la *country dance* qui devint, quand elle gagna la France et le Québec, la **contredanse**, et la *contradance* aux États-Unis. En France, on appelait **contredanse anglaise** les danses en colonnes d'origine britannique, et **contredanse française** ou **cotillon** les danses en carré d'origine française. Les versions québécoises de chacune d'elles continuent d'être dansées de nos jours.

Une autre forme de contredanse, dont l'origine remonte probablement au 18e siècle en Écosse, est le **reel** dansé en colonne ou en carré. La tradition de la **gigue** au Québec est d'origine irlandaise et écossaise. Dans beaucoup d'endroits, les danses traditionnelles comprenaient des gigues continues ou intermittentes. La gigue se dansait aussi en solo, souvent lors de concours amicaux entre les membres de la communauté.

Les **quadrilles** furent développés en France au début du 19e siècle et obtinrent un grand succès en Angleterre, succès qui s'étendit par la suite, au milieu 19e, à toute l'Amérique du Nord. Au Québec, les quadrilles comprennent en général six parties mais peuvent en avoir seulement trois . Ils sont dansés par quatre couples ou plus. Les

History and geography

A short history of traditional québécois instrumental music and dance

The early French settlers to France's New World colonies seem to have brought their folk songs but not their folk instruments when they made the crossing. So instead of Breton bombardes, French bagpipes and hurdy gurdys, the ubiquitous European violin was the instrument adopted for dance music by French-Canadians of all classes. In rural and working-class Québec, fiddle was the only melody instrument used, other than jaw harp (**guimbarde**) or lilting tunes with the voice (**turlutte**), to provide music for dancing until the late 19th century. This fiddle music was accompanied by foot tapping, bones and spoons, not by chords. The fiddles themselves were often homemade.

Fiddle music was synonymous with dance music. Jean Trudel, in the liner notes to a 1975 Jules Verret album, wrote that it "makes your feet want to dance on their own, active music, body music not made for passive listening or the concert hall...The spirit is that of the French-Canadian kitchen, the nerve-center of all traditional life, which can, in a matter of seconds, be stripped of its furniture and transformed into a dancing floor".

Music and dancing were associated with weddings and other festive family occasions, Christmas, New Year's, the winter period before Lent, and community activities like spinning bees and barn-raisings. Dances, called **bals** (balls), and house parties, called **veillées** (evenings), often lasted until dawn, and weddings were 3-5 days long. Every parish had a fiddler or two, and musicians were important people in the community.

Dance ethnographer Simonne Voyer began in the 1950s to document surviving social dances in French Canada. The following information on the European roots of québécois dance is from her book, *La Danse traditionnelle dans l'Est du Canada*. In 17th century England, the upper classes began to dance the country dance, which became **contredanse** when it spread to France and Québec and **contradance** in the U.S. In France, the name **contredanse anglaise** referred to dances in longways formation of English origin, and **contredanse française** or **cotillon** (spelled *cotillion* in English) referred to sqaure-formation dances of French origin. Québécois versions of both types continue to be danced today.

Another dance form, probably of 18th century Scottish origin, is the **reel**, danced in longways- or square-formation in Québec. The **gigue** (step-dancing) tradition in Québec is Irish and Scottish in origin. In many areas, traditional dances included continuous or intermittent step dancing, and step dancing was also done solo, often as a good-natured competition between community members.

Quadrilles were developed in France in the early 19th century, and became the rage in England and subsequently all over North America by the mid-19th century. In Québec, quadrilles usually have six parts, but can have as few as

quadrilles les plus célèbres, en plus de celui de forme française, sont le Lancier, le Calédonia, le Saratoga. Certains cotillons et quadrilles ressemblent beaucoup à de vieilles danses françaises des 18e et 19e siècles tandis que d'autres ont évolué dans des formes typiquement québécoises.

Les danses par couple telles que la valse, polka, rédowa, galope, schottische et mazurka arrivèrent d'Europe au milieu du 19e siècle. Les écoles de danse et maîtres à danser enseignaient à la fois les danses de couple et de figures aux notables de Québec et Montréal durant le 19e siècle. Les airs de valses et polkas étaient utilisés dans les nouvelles danses à plusieurs couples telles que le polka-quadrille et le valse-quadrille. La **valse-clog**, dansée dans le Québec citadin à partir du début du 20e siècle, est une gigue d'origine britannique exécutée sur une musique de valse.

Depuis la fin du 19e siècle, un nouveau genre de cotillon populaire constitué d'un mélange de danse et de **jeu de société** apparaît à quelques endroits. Apparentés aux soirées de jeu américaines, ces danse-jeux pour adultes et adolescents pouvaient inclurent des chansons, des accessoires tels que des chaises ou des rubans, des baisers ou des tapements de mains.

Danse au « Poulailler »/Dance at the "Chicken Coop", Inverness. Almen Connoly (au call/caller), Raynald Ouellet (accordéon), Lauréat Goulet (violon), Clarence Bordeleau (chanteur/singer), Danielle Martineau (piano)

De nouvelles sortes de danses en carré, demandant l'intervention d'un calleur furent ajoutées au répertoire au début du 20e siècle. Musique et sets callés furent, à l'occasion, inclus dans les programmes radiophoniques ; les gens pouvant ainsi danser dans leur cuisine. Les contredanses et les quadrilles les plus anciens ne nécessitaient pas de calleur, chaque communauté ayant un répertoire de danses fort bien connues de ses danseurs. Les musiciens locaux jouaient des pièces adaptées aux mouvements des danses et dans certaines régions, des pièces devinrent indissociables de certaines danses ou parties de danses. De nos jours, le développement des danses traditionnelles est étroitement lié au renouveau folklorique des zones urbaines. À ces bals, les calleurs enseignent des danses de différentes régions de la province et recherchent, en collaboration avec les musiciens, les pièces les mieux adaptées à chaque danse.

Malgré leur popularité, violon et danse étaient condamnés à la fois par l'église catholique et protestante. Jusqu'aux années 1960, on rencontre des histoires de violoneux menacés d'excommunication ou privés d'absolution après avoir joué à une veillée de danse. L'église catholique était particulièrement contre les danses impliquant un contact étroit entre partenaires, comme dans les « danses tournantes » et les danses

three, and are danced by four or more couples. Popular quadrille sets include the Lancers, the Calédonia and the Saratoga, as well as French quadrilles. Some of the cotillions and quadrilles resemble very closely the old French forms from the 18th and 19th centuries, while others have evolved into unique québécois forms.

Couple dances (turning dances) such as the waltz, polka, redowa, galope, schottische and mazurka came out of Europe in the mid-19th century. Dancing schools and dancing masters taught both couple and social dance to the well-to-do residents of Québec City and Montréal during the 19th century. Waltz and polka tunes were used for new multi-couple dances, such as the polka-quadrille and waltz-quadrille. The **valse-clog**, danced in urban Québec from the early 20th century, is a step-dance of British origin that is done to waltz music as well.

A new type of cotillion popular in parts of Québec in the late 19th century and into the 20th was a cross between a dance and a **jeu de société** (society game). Related to the American play party, these dance-games for adults and teenagers might include lyrics, props such as chairs or ribbons, kissing or handclaps.

Newer types of square dances which required a caller (**sets callés** or **danses carrés**) were added to the repertoire early in the 20th century, and calls and music were occasionally included in radio broadcasts so people could dance in their kitchens. The older quadrilles and contredanses had no need of a caller, as each community had a repertoire of dances well known to its dancers. Local musicians played tunes that fit the movements of the dances, and in some areas specific tunes became tied to certain dances or parts of dances. Today, social dances in urban areas are an outgrowth of the folk revival movement; at these dances, callers teach and call dances from different regions of the province, and the callers and musicians work together to find tunes that fit the dances.

Despite their popularity in every gathering, the fiddle and dancing were frowned upon by both Catholic and Protestant church officials, and even into the 1960s one hears stories of fiddlers being threatened with excommunication or refused absolution after playing for a party. The Catholic Church particularly opposed dances where the partners held each

jazz du 20e siècle. Ces danses obtinrent néanmoins un succès grandissant dans les régions urbaines et suburbaines malgré les efforts de promotion des « bonnes vieilles danses » (quadrilles et autres danses de figures) de la part du clergé pour éloigner les jeunes gens du démon des danses « modernes ».

Le répertoire à danser pour violon n'est pas très bien documenté. Le répertoire connu à ce jour des violoneux se compose largement de pièces aux influences irlandaises, avec un petit nombre, tout de même significatif, de pièces écossaises, d'autres d'influence française ou même peut-être anglaise. La majorité des immigrants irlandais débarquèrent au Québec au 19e siècle, les cultures française et irlandaise se mélangèrent alors à tous les niveaux : des campements forestiers aux chantiers navals, en passant par les communautés rurales. La musique irlandaise influença ainsi énormément la musique du Canada français et ce, au moins, à partir du 19e siècle. Les racines françaises et écossaises remontent, elles, au 17 et 18e siècles, chacune ayant continué à influencer le répertoire des violoneux tout au long du 20e siècle. Les racines françaises sont beaucoup plus apparentes dans les chansons que dans les pièces de danse et l'on peut retracer les origines de la grande majorité des paroles et mélodies vocales jusqu'en France.

Ce survol des danses traditionnelles et de la gigue au Québec, ainsi que de ses traditions de musique instrumentale et vocale, démontrent leurs origines européennes. Cependant, différents facteurs, dont l'isolement géographique et la transmission d'une génération à l'autre, ont créé un répertoire et un style de musique québécois distincts.

À la fin du 19e et début 20e siècle, de nouveaux instruments mélodiques firent leur apparition sur la scène musicale traditionnelle : l'accordéon diatonique (à une et trois rangées) et l'harmonica. L'harmonium, mais encore plus le piano, commencèrent à être utilisés à cette période comme instrument d'accompagnement. Un nouveau répertoire musical, utilisant ces instruments ainsi que le violon, fut développé pour la danse traditionnelle. Certaines parties de quadrilles étaient accompagnées par des 6/8 ressemblant à des marches, les autres par d'ancien reels exécutés au violon, ou par un répertoire plus récent pour accordéon, constitué de compositions originales, et de versions de mélodies européennes ou américaines, comme par exemple : polkas, marches, chansons et morceaux de musette français et de compositions classiques. La valse fit son apparition durant cette période. Ces nouveaux genres s'implantèrent plus rapidement à Montréal et Québec qu'en région. Certains musiciens résistaient à ce courant tendant à supplanter les répertoires familiaux ou régionaux. Ainsi le violoneux Louis Boudreault de Chicoutimi ne joua jamais de valses qu'il ne considérait pas comme traditionnelles.

L'accordéon diatonique, inventé en Autriche vers 1820, commença à être utilisé dans la musique traditionnelle québécoise durant les 20 dernières années du 19e siècle quand les accordéons fabriqués en usine devinrent disponibles par correspondance. Cet instrument devint rapidement populaire et rivalise aujourd'hui avec le violon. Au départ, les accordéonistes apprirent les pièces de violoneux, les adaptant à la gamme et au registre plus élevé de l'accordéon diatonique à une rangée. Les accordéonistes développèrent ainsi leur style propre et un répertoire prolifique. De nos jours, les pièces pour accordéon sont souvent adaptées pour le violon, tout comme celles pour violon continuent d'être adaptées pour l'accordéon. L'harmonica devint disponible au même moment et était souvent utilisé lors de fêtes familiales rurales. Bien qu'il n'ait jamais atteint l'importance du violon ou de l'accordéon, plusieurs harmonicistes ont enregistré des albums forts populaires.

other closely: turning dances and 20th century jazz dance forms. These dances caught on nonetheless in urban and suburban areas, despite efforts to promote "good old-time dancing" (quadrilles and other social dances) to keep young people away from the evils of "modern" dances.

The repertoire fiddlers were playing for all this dancing is not well documented. The fiddle repertoire known today largely consists of tunes of Irish descent, with a smaller but significant number of Scottish tunes, some French tunes and perhaps some English influence as well. The majority of Irish immigrants arrived in Québec in the 19th century, and Irish and French cultures mixed everywhere from logging camps to urban shipyards and farm communities. Thus, Irish music deeply affected the fiddle music of French Canada from at least the middle of the 19th century. French and Scottish roots reach back to the 17th and 18th centuries, and both countries have continued to influence the fiddle repertoire into the 20th century. French roots are much stronger in the songs than in the dance tunes; origins of the overwhelming majority of lyrics and vocal melodies can be traced back to France.

This brief examination of Québec's social-dance, step-dance, instrumental and vocal-music traditions shows that the origins of all were European. However, isolation and generations of practitioners have created a distinctly québécois repertoire and style of music and dance.

In the late 19th and early 20th century new melody instruments entered the traditional music scene: the button accordion (one- and three-row) and the harmonica. Pump organ and piano began to be used in this period as back-up instruments. An expanded repertoire of music using these instruments as well as the fiddle was developed for social dancing. Some parts of the quadrille were accompanied by march-like 6/8 tunes, the rest by the older fiddle reels or by a newer accordion repertoire of original tunes and tunes adapted from European or U.S. sources, such as polkas, marches, French songs and musette pieces, and classical compositions. The waltz also entered the traditional repertoire during this period. These new kinds of tunes caught on more quickly in Montréal and Québec City than in other areas. Some musicians resisted the pull toward replacing family or regional repertoires with newer forms, such as fiddler Louis Boudreault of Chicoutimi, who never played waltzes and did not consider them traditional.

The button accordion, invented in Austria in the 1820s, began to be used in Québec for traditional music by the last couple decades of the 19th century, when factory-built accordions were available by mail-order. The instrument quickly became established and now rivals the fiddle in popularity. Initially accordionists learned tunes from fiddlers, changing the tunes to fit the higher range and diatonic scale of the one-row button accordion. Accordionists went on to develop their own style and prolific repertoire. Nowadays, tunes are as likely to travel from accordion to fiddle as in the other direction. The harmonica became available in the same period and was often heard at rural family parties. Although it has never become as widespread as fiddle or accordion, a few harmonica virtuosos have made popular recordings.

Avec de nombreux artistes célèbres, de multiples programmes radiophoniques ainsi que des ventes importantes de 78 tours, les années 30 à 50 constituent un sommet pour la musique traditionnelle dans la culture de masse. Cependant durant les années 50 les groupes de danse traditionnelle utilisant le violon et l'accordéon se firent moins nombreux et ce, au profit des cuivres. Les pièces et danses traditionnelles n'étaient désormais plus à la mode dominée alors par les grands groupes de jazz et le rock and roll.

Orchestre Trudel c. 1950-1960: Adélard Thomassin (accordéon), avec/with Gilbert Trudel, Marcel Trudel, Jean-Paul Malouin.

The years between 1930 and 1950 were a high point of traditional dance music in the mass culture, with many famous artists, popular radio broadcasts and high sales of 78-rpm records. During the 1950s however, social dance bands that included fiddle and accordion were in decline, replaced by brass instruments. Traditional tunes and dances were no longer in the cultural mainstream, replaced by Big Band jazz and by rock and roll.

Le mouvement nationaliste et le renouveau folklorique des années 60 et 70 réanimèrent l'intérêt porté à la musique, à la danse et aux chansons traditionnelles du Québec. De nouveaux groupes revivaliste tels que Le Rêve du diable, La Bottine souriante et Éritage firent leur apparition. Apparut aussi l'Association québécoise des loisirs folkloriques (l'ancienne Association des violoneux du Québec), implantée dans 12 régions. Tout cela stimula la présence de la musique traditionnelle à des festivals folkloriques, des clubs, des ateliers, des compétitions, sur les ondes radiophoniques et télévisées ainsi que sur des 33 tours.

De 1960 à 1990, une nouvelle expansion apparaît avec la place de plus en plus importante de la guitare comme instrument mélodique et d'accompagnement ainsi qu'avec la participation de quelques joueurs de mandoline, banjo, flûte et flageolet . Le répertoire continue de s'étendre rapidement grâce à des pièces empruntées à d'autres traditions et à de nombreuses compositions originales.

Bien que les hommes représentent la grande majorité des musiciens mentionnés dans ce livre, les femmes ont historiquement joué un rôle musical important, peut être plus en tant que chanteuses, danseuses et accompagnatrices que musiciennes solistes. Nous aimerions rendre hommage aux nombreuses instrumentistes enregistrant et se produisant au Québec, comme par exemple, à l'accordéon : Francine Desjardins, Danielle Martineau et Carmen Guérard , au violon : Georgianna Audet, Caroline Dupuis, Lisa Ornstein, Stéphanie Lepine, Liette Remon et Thérèse Rioux, à la flûte : Isabelle Doucet et au piano : Doris Gosselin, Gisèle Dupuis, Dorothy Hogan et Lise Verret.

Il y a aujourd'hui au Québec un réseau grandissant de musiciens talentueux et amateurs de tout âge passionnés de musique traditionnelle. Malgré un manque d'intérêt et de reconnaissance de la musique et de la danse traditionnelles de la part du public, ces instrumentistes, chanteurs et danseurs, jouant dans le monde entier, produisant et distribuant des CD de grande qualité et mettant en place de nouveaux festivals et organisations, luttent chaque jour afin de promouvoir la musique auprès d'une audience plus large, de protéger leur héritage et d'introduire la musique traditionnelle dans le système éducatif. Longue vie à la musique et à la danse!

The nationalist movement and the folk revival of the 1960s and 70s led to renewed interest in the traditional music, dance and song of Québec. New revival groups such as Le Rêve du diable (tr. devil's dream), La Bottine souriante (tr. the smiling boot) and Éritage appeared on the scene, a fiddler's association with twelve regional branches formed, and traditional music could be heard at folk festivals, clubs, workshops, contests and on radio and TV broadcasts and LP records.

From the 1960s to the 1990s, a new expansion of the instrumentation has occurred with the increasing importance of the guitar as a back-up and melody instrument, as well as a few players of mandolin, banjo, flute and flageolet (whistle). The repertoire continues to expand rapidly with tunes borrowed from other traditions and many original compositions.

Although the great majority of musicians mentioned in this book are male, women have played a significant musical role historically, perhaps more as singers, dancers and accompanists than as melody players. We would like to acknowledge the many female instrumentalists recording and performing in Québec, for example Francine Desjardins, Danielle Martineau and Carmen Guérard (accordion), Georgianna Audet, Caroline Dupuis, Lisa Ornstein, Stéphanie Lepine, Liette Remon and Thérèse Rioux (fiddle), Isabelle Doucet (flute) and Doris Gosselin, Gisèle Dupuis, Dorothy Hogan and Lise Verret (piano).

Today, there is a growing network of talented traditional musicians and music-lovers of all ages in Québec. Although they still struggle with a lack of public interest in and official recognition of traditional music and dance, these instrumentalists, singers and dancers are busy performing around the world, producing and distributing high-quality CDs, starting new festivals and organizations to promote the music to a wider audience, documenting their heritage, and beginning to bring traditional music into the school system. Long live music and dance!

le Québec

80° 75° 70°

50°

ABITIBI — TÉMISCAMINGUE

SAGUENAY — LAC-ST-JEAN

Lac Abitibi

Rouyn-Noranda

Lac St-Jean

Val-Jalbert Chicoutimi
Jonquière

Lac
Témiscamingue

CHARLEVOIX Tadoussac
Baie-Ste-Catherine

La Malbaie Rivière-
Pointe-au-Pic du-Loup

La Tuque

QUÉBEC

Rivière des Outaouais

OUTAOUAIS

Mont-Laurier
Lac-Saguay

Montmagny

Québec

LAURENTIDES

Fleuve St-Laurent

LANAUDIÈRE

Joliette Thetford Mines

Hull Montréal ESTRIE

Ottawa Sherbrooke

45° Valleyfield

Ontario

Lac
Ontario

Lac Champlain

New York Vermont New Hampshire

Massachusetts

Pennsylvania

Connecticut RI

CÔTE-NORD

Natashquan

Rivière-au-Tonnerre

Île d'Anticosti

Fleuve St-Laurent

Mont-Louis   Petit-Cap

GASPÉSIE   Barachois

Rimouski   Percé

Ste-Blandine

Golfe du St-Laurent

Îles-de-la Madeleine

Île-du-Prince-Édouard

Île-du-Cap-Breton

Nouveau-Brunswick

Maine

Nouvelle-Écosse

Océan

Atlantique

0   100   200 km

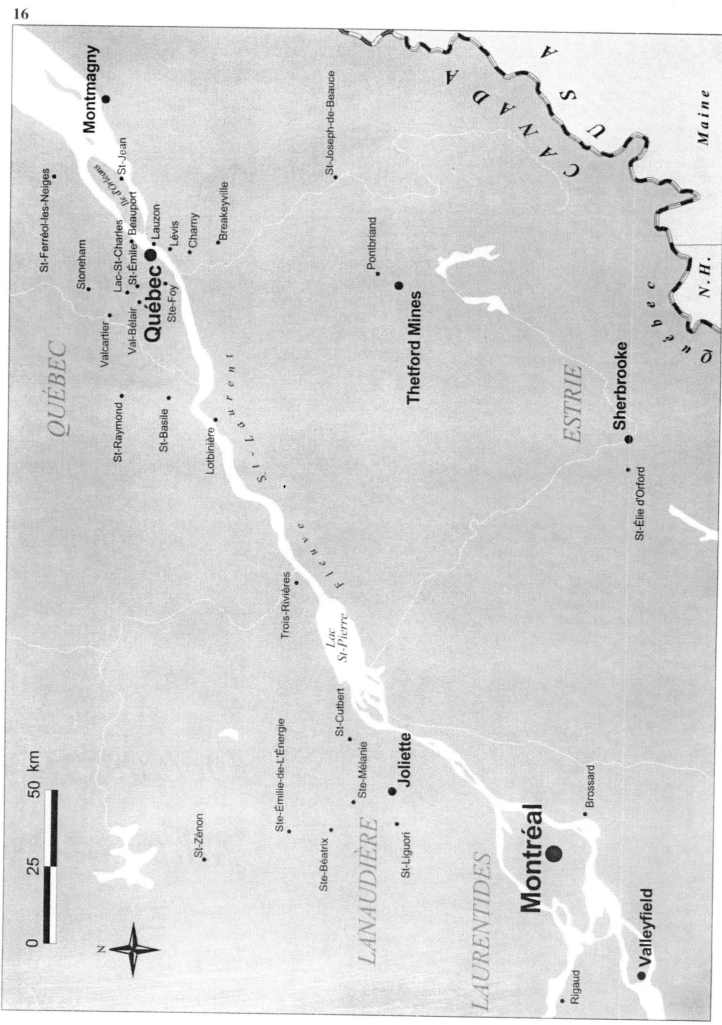

Lecture des transcriptions musicales

Types de pièces

Au Québec, les pièces instrumentales sont dénommées de manière interchangeable : **mélodies, airs, pièces, morceaux** et même « **tounes** », mot dérivé de l'anglais. Elles peuvent être divisées en plusieurs catégories pas toujours bien limitées :

Reel : Reel signifie dans la tradition celte une pièce de danse en mesure binaire ayant quatre notes rapides par pulsation. C'est de loin le genre de pièces le plus commun au Québec. Les reels sont notés sur une mesure à 4/4, avec deux pulsations (tapements de pieds) par mesure et quatre croches par pulsation. La notation en 2/2 ou en 2/4 (voir l'exemple) aurait été aussi valable et « techniquement » plus adéquate mais, par expérience personnelle, la lecture d'une musique rédigée ainsi est plus aisée. Sur une mesure à 2/4, 2/2 ou 4/4, la pulsation demeure la même soit environ 116-120 par minute au métronome. (Voir ci-dessous Tempo). Le terme **reel** est parfois utilisé au Québec pour faire référence à une pièce de danse rapide, 6/8 inclus.

Reading the transcriptions

Tune types

In Québec, instrumental tunes are described interchangeably as **mélodies, airs, pièces, morceaux,** or even **tounes**, borrowed from English. They can be subdivided, although not always cleanly, into several categories:

Reel: Reel in the Celtic tradition means a dance tune in duple meter with four quick notes for each pulse. This is by far the most common type of tune in Québec. We have written reels in 4/4 time, with two pulses (foot taps) per bar and four eighth notes per pulse. Using cut time (2/2) or 2/4 time (see example) would have been equally valid and technically more 'correct', but in our experience, musicians feel most comfortable reading music written this way. Whether written in 2/4, 2/2 or 4/4 time, the pulse is the same, about 116-120 per minute on a metronome. (See Tempo below.) Occasionally the term **reel** is used in Québec to refer to any fast dance tune, including 6/8 tunes.

Ex. 2 : Trois transcriptions possibles des reels (* = pulsation)

Ex. 2: Three ways of transcribing reels (* = pulse)

Galope (« la galope » ou « le galop » selon la variante locale) : La galope est utilisée comme accompagnement de la dernière partie du quadrille lors de laquelle les couples se déplacent en cercle en changeant de partenaires. Ces pièces sont principalement issues de la région de Québec. On les distingue des reels par leurs parties à 32 mesures (plutôt que les 16 mesures communes à beaucoup de pièces québécoises) et leur qualité plus lyrique (des notes plus longues entrecoupées par les croches). En tant que pièce, la galope a des affinités avec la polka. Certaines galopes sont en fait des polkas empruntées à d'autres traditions musicales. Le tempo est légèrement plus lent que celui des reels.

Marche : Les marches sont des pièces en 4/4 ou 6/8 qui ont un rythme marqué et qui comportent de nombreuses notes de plus longues durées. Les marches sont, de nos jours, principalement associées à l'accordéon. Le tempo est similaire à celui de la galope.

Gigue : Ce terme ne se rapporte généralement pas à la « jig » en 6/8 mais à la tradition québécoise de la gigue, danse exécutée en solo, et aux reels accompagnant cette danse. Les gigues sont découpées à la croche, certaines ayant en permanence 2 pulsations par mesure, d'autres ayant, de manière intermittente ou pas, 3 pulsations par mesure. Nous avons écrit ces dernières sur une mesure à 6/4. Le tempo est similaire à celui des autres reels.

Galope (locally "la galope" or "le galop"): The galope is used especially for accompanying the last part of the quadrille, in which the dancers change places around the set by changing partners. Galope tunes are associated particularly with the Québec City region. They are distinguished from reels by having parts that are 32 bars long (rather than the 16 or fewer bars common in many québécois tunes) and a more lyric quality (longer notes interspersed with eighth notes). The galope as a tune has some affinity with the polka, and in fact some galope tunes were polkas borrowed from other musical traditions. The tempo may be slightly slower than for reels.

Marche: Marches are tunes in 4/4 or 6/8 time that have a strong rhythm and include many notes of longer duration. Marches today are associated particularly with the accordion. The tempo is similar to the galope.

Gigue: This term does not usually refer to the 6/8-time "jig" to the solo step-dancing tradition in Québec, and also to reels which accompany step-dancing. Gigues have pulses consisting of four eighth notes, some with two pulses per measure throughout, others with some or all parts having three pulses per measure, which we write in 6/4 time. The tempo is similar to other reels.

Ex. 3 : Rythme de gigue

Ex. 3: Gigue rhythm

Clog : La clog est originaire des îles britanniques et est apparentée au hornpipe. Certaines clogs sont jouées comme des reels alors que d'autres ont un rythme plus lent (90-100 par minute) avec un rythme pointé ou en triolet (voir ci-dessous le Swing). La clog (sabot en anglais) fait aussi référence à une chaussure à semelle de bois propre à l'Angleterre produisant un son agréable lorsqu'on l'utilise pour la gigue.

6/8 : Les **six-huit** sont traditionnellement utilisés pour les deux premières parties d'un quadrille. Ils présentent deux groupes de trois notes, à deux pulsations par mesure, comme pour une jig irlandaise ou écossaise, mais sont souvent moins ornés et plus lyriques dans le style des marches. Le mot **gigue** (voir ci-dessus) diffère de *jig* mais tous deux sont parfois utilisés pour désigner des pièces en mesure à 6/8. Le tempo est identique à celui des reels.

Clog: The clog is of British-Isles origin and related to the hornpipe. Some clogs are played as reels, while others are played at a slower tempo (90-100 per minute) with a dotted or triplet rhythm (see Swing below). Clog also refers to an English wooden-soled shoe, which makes a nice sound when dancing.

6/8: Six-huit (six-eight) tunes are traditionally used for the first two parts of a quadrille set. In 6/8 time, they have two groups of three notes, with two pulses per measure, like an Irish or Scottish jig, but are often less ornamented and more lyrical or march-like. The word **gigue** (see above) has a different meaning than jig, but both are occasionally used in Québec to refer to tunes in 6/8 time. The tempo is similar to reels.

Ex. 4 : Rythme 6/8

Ex. 4: 6/8 rhythm

Valse : La valse tient ses origines de l'Europe centrale et devint extrêmement populaire des deux côtés de l'Atlantique durant le 19e siècle. Dans ce livre, les valses sont écrites sur une mesure à 3/4 ou 9/8 avec systématiquement trois pulsations par mesure. Une mesure à 9/8 facilite la lecture de valses aux croches « swingées » (voir ci-dessous) ou aux nombreux triolets. Les pulsations sont en moyenne de 160 par minute mais peuvent varier d'une pièce à l'autre.

Valse: The waltz originated in central Europe and became extremely popular on both sides of the Atlantic in the 19th century. Waltzes in this book are written either in 3/4 time or 9/8, always having three pulses per bar. 9/8 is used for ease of reading for waltzes with **swing** eighths (see below) or waltzes with many triplets. The pulse averages 160 per minute, but varies widely from tune to tune.

Ex. 5 : Rythme de valse 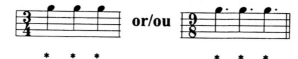 **or/ou**

Ex. 5: Waltz rhythm

Valse-clog : La valse-clog est une gigue populaire dans les régions urbaines dès le début du 20e siècle. Les valses accompagnant la valse-clog ont un caractère rythmique très prononcé et sont découpées à la croche de manière très régulière. Plus rapide qu'une valse normale, les pulsations sont de 188 par minute.

Valse-clog: The waltz-clog is a step-dance, popular in urban areas from the beginning of the 20th century. Waltzes played for the valse-clog have a pronounced rhythmic character, and the eighth notes are played quite evenly. Faster than a normal waltz, the pulse is about 188 per minute.

Tempo

Le plus souvent, nous n'avons pas inclus de mesure métronomique, car la grande majorité des reels et des 6/8 ci-transcrits ont des tempos variant entre 112 et 126 pulsations par minute, quelques pièces comptant jusqu'à 138 pulsations, d'autres seulement 100. Choisissez votre propre tempo dans cet intervalle tout en tenant compte de vos capacités et vos préférences ainsi que, selon la circonstance, des besoins des danseurs. Pour la valse, les variations de tempo sont plus importantes et le tempo semble avoir un effet plus marqué sur la mélodie. C'est pourquoi nous avons inclus des tempos pour chaque valse.

Tempo

We did not include metronome markings on most tunes because the great majority of the reels and 6/8 tunes we transcribed were played at tempos between 112 and 126 pulses per minute. A few were as slow as 100 or as fast as 138. Choose your own tempo within this range based on your ability, preference and the needs of the dancers if you are playing for dancing. For waltzes, the range of tempos was greater and the tempo seems to have a greater effect on the melody, so we have included metronome markings for each waltz.

Irrégularités métriques

La majorité des pièces celtes et nord-américaines ont 32 mesures, de forme AABB, avec huit mesures par partie et des parties construites par phrase de deux, quatre ou huit mesures. La danse traditionnelle dans de nombreux endroits de l'Amérique du Nord (la contredanse de Nouvelle-

Metric irregularities

The majority of Celtic and North American fiddle tunes have a 32-bar, AABB form, with eight bars per part, and parts built of phrases of two, four or eight bars. Social dance in many areas of North America (New England contradancing, for

Angleterre par exemple) requiert de telles pièces, car la structure de chaque pièce doit suivre impérativement celle de la danse, elle aussi de forme AABB. Néanmoins cette description correspond seulement au quart des pièces de ce livre. Au Québec, les phrases ont généralement (attention aux exceptions !) une longueur de deux, quatre ou huit mesures. La plupart des pièces ont au moins une des caractéristiques suivantes : plus de deux parties, des parties de plus ou moins huit mesures, des parties répétées plus de deux fois ou pas du tout, et/ou des temps « supplémentaires » ou « manquants ».

Nous entendons seulement par **irrégulier** (d'autres emploient « croche » ou « tordu ») des reels et 6/8 ayant un nombre de pulsation non multiple de 8. Pour annoter ces phrases, nous utilisons des mesures à 2/4 ou 6/4 pour les reels, à 3/8 ou 9/8 pour les 6/8. Nous considérons toutes les autres pièces comme **régulières** même si elles comprennent moins ou plus de 32 mesures. Historiquement les violoneux jouaient en solo et les danseurs exigeaient rarement des longueurs de phrases particulières mais uniquement un tempo adéquat. Les violoneux, par exemple, pouvaient passer plus de temps sur une partie qu'ils affectionnaient tout particulièrement. Nous aimons les surprises et espérons qu'il en est de même pour vous. Si vous êtes à la recherche d'une pièce d'un genre précis, nous vous conseillons de consulter l'Appendice V.

example) requires such tunes because the beginning of the tune and the beginning of each round of the dance must be synchronized. This description, however, fits only a quarter of the tunes in this book. In Québec, phrases are typically (but not always) two, four, or eight bars long, but most tunes have at least one of the following characteristics: more than two parts, parts longer or shorter than eight bars, parts repeated more than twice, or not at all, and/or "extra" or "missing" beats.

We use the term **irregular** (others call them "crooked" or "twisted") only to refer to reels and 6/8s with a number of pulses not divisible by 8. To notate these phrases we use time signatures 2/4 or 6/4 for reels and 3/8 or 9/8 for 6/8 tunes. All other tunes we consider **regular**, even if they are not 32-bars long. Since historically fiddlers played solo, and dancers often did not require any particular phrase-lengths, just a steady beat, there was no reason to keep the tunes metrically uniform. Fiddlers may have spent more time on the part they liked the best, for example. We enjoy the surprises, and hope you will too. If you are looking for tunes of a particular type, consult Appendix V.

Formes, répétitions et structures

Ces pièces étant à l'origine des airs à danser, généralement assez courtes, nous vous suggérons de les jouer entièrement plusieurs fois, et vous pénétrer ainsi de leur véritable personnalité. A chaque fin de pièces, retournez au début et rejouer la pièce deux fois ou plus suivant la structure de répétition à chaque reprise (voir ci-dessous)

Les lettres A, B, C etc. correspondent aux sections ou parties de pièces.

Form, repeats and framing

Because these tunes are originally dance tunes, and quite short, to get the proper spirit we suggest that you play them several times through. Always return to the beginning at the end of the tune, and play two or more times through, following the repeat structure (see below) every time.

The letters A, B, C etc. label the sections or parts of the tune.

Ex. 6 : **Le symbole de répétition** encadre chaque section à répéter.

Ex. 6: **Repeat symbols** bracket any section that is to be repeated.

Si une section a une fin différente à la deuxième reprise, vous trouverez une **première** et une **seconde reprise** : jouez la(les) mesure(s) du premier encadré la première fois et seulement celles du deuxième encadré la deuxième fois en omettant la première fin.

If a section has a different ending the second time through, this is indicated by **first and second endings**: play the measure(s) under the first bracket the first time through, then begin again and the second time play only the measure(s) under the second bracket, skipping over the first ending.

Ex. 7 : Lecture de la première et seconde reprise

Ex. 7: How to read first and second endings

Une partie à jouer plus de deux fois sera signalée par 3x, 4x ou même 5x selon le nombre de fois à répéter.

Vous rencontrerez des pièces de forme ABAC, où la partie A est à rejouer entre la partie B et C. Dans ce cas, nous utiliserons le mot **reprise** plutôt que de réécrire la partie et indiquerons le nombre de mesures à répéter.

When a part is played more than twice, 3x or 4x or even 5x will appear at the beginning of that part, indicating how many times to play it.

Occasionally, a tune will have a form such as ABAC, where the A part needs to be played again between the B and C parts. In this case, rather than write out the part again, we use the word **reprise** and show the number of measures to be repeated.

Ex. 8 : Ici, jouez les 16 mesures de la partie A.

Ex. 8: Play the 16 measure A part here.

Fréquemment, « l'encadrement » de la pièce (l'introduction et la fin) reflète une partie de la signature stylistique de chaque artiste. Les musiciens québécois débutent souvent une pièce sans introduction bien que certains commencent par une courte phrase d'introduction ou une brève levée plus courte que le « four potatoes » ou « shuffles américains ». Les fins varient de la fin abrupte à l'apothéose finale. De nombreux musiciens ajoutent des temps, incluent des syncopes, et/ou parviennent à la note tonique finale par des fioritures arpégées ou de triolets dont vous trouverez des exemples en écoutant Marcel Messervier, Philippe Bruneau, Louis Beaudoin et Jos Bouchard.

Quand une pièce passe à une tonalité différente lors de la seconde partie, il vaut souvent mieux dans ce cas-là conclure par la partie A. À deux reprises, nous avons utilisé le symbole du coda ⊕ afin d'indiquer le moment auquel entamer le **coda** (la fin) quand vous reprenez la pièce pour la dernière fois.

Tonalités et modes

Pour trouver la tonalité d'une pièce, nous vous conseillons de consulter les accords à la fin de la pièce ou de la partie, et non à son début, plusieurs pièces commençant par un accord plutôt que par la tonique. Notez que de nombreuses pièces changent de tonalité de partie à partie, montant jusqu'au 5e degré ou en relative majeure. Vous remarquerez aussi que dans quelques cas l'armature et l'accord vont à l'encontre l'un de l'autre. Ceci est dû à la nature modale de certaines des pièces. Le mode le plus commun, après le mode majeur et mineur, est le mode mixolydien qui est identique au mode majeur mais avec une 7e diminuée. La pièce 69 en la mixolydien a par exemple deux dièses au lieu de trois et utilise un sol naturel comme 7e degré. Certaines pièces, utilisant des gammes espacées négligent par exemple le 3e ou le 6e degrés et rendent ainsi le mode confus. Les modes, autres que majeur et mineur, sont identifiés dans la description précédant la pièce.

Quelques pièces ont des montées chromatiques à des endroits surprenants, immédiatement suivis, dans les mesures suivantes, par la note rétablie à sa position naturelle. Exemple : pièce 119. Aux endroits où le lecteur pourrait s'interroger, nous utilisons de temps en temps entre parenthèses des signes accidentels d'avertissement de dièse, bémol ou naturel. Nous espérons avoir prévenu tous doutes possibles concernant la finalité des notes.

Versions et variations

Nous avons transcrit ce qui nous semblait être la version de base d'une pièce provenant d'un musicien ou d'un groupe particulier. L'interprétation constituant notre source a pu comporter des variations et versions légèrement différentes selon les musiciens du groupe. Quand la mélodie varie à chaque répétition, nous avons choisi la variation la plus fréquente ou la plus intéressante. Dans certains cas cependant, nous avons décidé qu'une variation était suffisamment intéressante pour mériter une réécriture de la partie ou une note en bas de page. Dans la première méthode, nous transcrivons complètement la partie en question plutôt que d'utiliser des symboles de répétition afin de mettre complètement en valeur une variation mélodique lors de la deuxième répétition. Dans la deuxième méthode, nous indiquons par un astérisque * une variation en bas de page. Faute d'instructions contraires, remplacez tout simplement un nombre équivalent de mesures de la version originale par cette variation en bas de page (Dans quelques cas, le nombre de mesures n'est pas le même, la variation étant un substitut irrégulier d'une phrase régulière ou vice versa). Des astérisques simples * et doubles ** sont

The **framing** of the tune (introduction and ending) is frequently part of the individual musician's stylistic "signature". Québécois musicians often start tunes off without any introduction, although some use a short introductory phrase or a quick "revving up", briefer than the "four potatoes" or shuffles common in U.S. fiddle traditions. Endings range from the abrupt to the embellished, with many players adding beats, employing syncopations, and/or arriving at the final tonic note with arpeggiated or triplet flourishes. Listen to Marcel Messervier, Philippe Bruneau, Louis Beaudoin and Jos Bouchard for examples of tune framing.

Tunes which modulate to a different key in the second part often sound best ending with the A part. In two cases we use a coda symbol ⊕ to show where to switch over to the **coda** (ending) when you are playing the last time through the tune.

Keys and modes

To find the home key of a tune, look at the chords at the end of the tune or part, rather than at the beginning, as several tunes start with a chord other than the tonic (home chord). Note that many tunes change key part to part, usually moving to the 5th or to the relative major. You will also notice that in a few cases the key signature and the key do not "agree". This is because of the modal nature of some of the tunes. The most common mode (after major and minor) is mixolydian, which is like major but with a lowered 7th step. For example, a tune in A mixolydian, such as #69, has two sharps rather than three, using G natural as the 7th step. Some tunes use gapped scales (for example, leaving out the 3rd or 6th step), which makes the mode unclear. Modes other than major or minor are identified in the description before the tune.

A few tunes have chromatically raised notes in surprising places, immediately followed in successive measures by the note restored to its natural position (#119 is a good example of this). We occasionally use cautionary accidentals (sharp, flat or natural signs in parentheses) in places where the reader might wonder if a previous accidental should carry over; we hope they will lay to rest any doubt about what notes are intended.

Versions and variations

We have transcribed what seemed to us to be the basic version of the tune from a particular player or group. The actual performance that was our source may have included variations and slightly different versions being played simultaneously by multiple players. When the player varied the melody on each repetition, we chose the most common or pleasing variation. In some cases, however, we felt the variation was sufficiently interesting to merit inclusion in a written-out repeated section, or as a footnote. In the first method, we fully transcribe a section of the tune, rather than using repeat symbols, to show a melodic variation on the second time through. In the second method, we use the symbol * to indicate a footnote variation. Unless otherwise indicated, simply play the footnote variation in place of an equal number of measures in the original version. (In a few cases, the number of beats is not the same because the variation is an irregular substitute for a regular phrase, or vice

utilisés pour indiquer deux variations en bas de page. Lorsqu'il y a plusieurs variations en bas de page, l'astérisque est suivi d'un chiffre entre parenthèses se rapportant à la variation correspondante. Ignorez ces variations si bon vous semble ou utilisez-les dans l'ordre de votre choix, ou encore créez vos propres variations.

Les parenthèses signalent des notes optionnelles ainsi que des notes effleurés. Celle-ci sont jouées avec un coup d'archet très léger et généralement situées entre deux notes accentuées. Il est difficile de décrire la manière exacte de les jouer et l'effet lui-même. L'écoute d'enregistrements est là vraiment essentielle. (Voir ci-dessous la partie référant à l'archet)

versa.) Where there are two footnote variations, * and ** are used. Where there are several footnote variations, the * is followed by a number in parentheses. Feel free to ignore the variations, use them in any order, and indeed to create your own variations.

Parentheses are used around optional notes, and also around notes that are "ghosted". "Ghosting" is a practice whereby notes are played quietly if at all, usually between two accented notes. The proper way to play it, and the effect that it has, is impossible to convey exactly in print, so listening to recordings is essential. (See fiddle bowing section, below.)

Ornementation

Nous utilisons plusieurs symboles correspondant aux différents ornements. La plupart sont des signes normaux de la notation musicale, d'autres ont été redéfinis pour mieux refléter le style québécois.

Ornamentation

We use several different ornament symbols in this book, most of which are standard musical notation, a few of which we have redefined to suit the needs of québécois style.

Ex. 9 : La barre oblique sur la note signale **un triolet sur une même note**. On l'exécute au violon par un mouvement saccadé de l'archet, produit avec le bras ou le poignet. Avec un instrument à vent, vous pouvez, si vous le désirez, substituer le mordant décrit ci-dessous.

Ex. 9: The slash denotes a **repeated-note triplet**. On fiddle this is achieved with a shake of the bow arm or wrist. On wind instruments you can substitute the mordant described below, if you like.

Ex. 10 : Nous avons emprunté à la musique baroque le symbole du **mordant**. Nous l'avons ainsi redéfini : remplacez la note par un triolet ayant la même première et 3e note que la note originale et la note du milieu à un ton plus haut ou plus. Afin que l'ornement puisse être joué à l'accordéon en entier sans avoir à inverser le coup de soufflet, cette note est souvent une tierce plus haut ou même, selon le besoin, une seconde ou une quarte plus haut que sur la partition. Ornementez simplement avec le bouton le plus rapproché. Au violon, les trois notes sont liées sur un même coup d'archet et la note du milieu est normalement jouée un ton au-dessus. Un son plus proche de l'accordéon peut être obtenu en ornant une tierce plus haut. Sur des instruments à plectre (guitare, mandoline, banjo...), un mordant peut être remplacé par un triolet de notes répétées selon votre préférence.

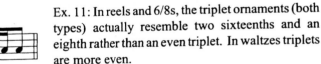

Ex. 10: We have borrowed from Baroque music the **mordant** symbol. We have redefined it for our own purposes: replace the note with a triplet having the first and third notes the same as the original note, and the middle note one or more scale steps higher. On accordion, this middle note is often a third above the written note, or occasionally a second or a fourth as necessary to enable the entire ornament to be played without reversing the direction of the bellows. Simply ornament with the neighboring button. On fiddle, the three notes are slurred together on one bow, and the middle note is normally played a step above the written note; a more accordion-like sound can be achieved by ornamenting a third higher when convenient. On plectrum instruments (guitar, mandolin, banjo...) you can substitute a repeated note triplet for the mordant if you prefer.

Ex. 11 : Dans les reels et 6/8, les ornements de triolets ressemblent plus à deux double-croches et une croche en fait qu'à un triolet régulier. Pour les valses, les triolets sont plus réguliers.

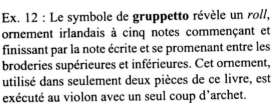

Ex. 11: In reels and 6/8s, the triplet ornaments (both types) actually resemble two sixteenths and an eighth rather than an even triplet. In waltzes triplets are more even.

Ex. 12 : Le symbole de **gruppetto** révèle un *roll*, ornement irlandais à cinq notes commençant et finissant par la note écrite et se promenant entre les broderies supérieures et inférieures. Cet ornement, utilisé dans seulement deux pièces de ce livre, est exécuté au violon avec un seul coup d'archet.

Ex. 12: The **turn** symbol denotes a 5-note Irish ornament known as a **roll**, starting and ending on the written note and visiting the upper and lower neighbors in between. This ornament, used on only two tunes in this book, is done in a single bow on the fiddle.

Ex. 13 : + correspond, au violon, à un **pizzicato de la main gauche** sur cordes ouvertes. Cet effet peut être imité sur d'autres instruments en rendant la note staccato (très courte).

Ex. 13: + denotes **left-hand pizzicato** of an open string on the fiddle. Other instrumentalists can imitate this effect by making the note staccato (very short).

Ex. 14 : *tr* correspond à une **trille** à la broderie supérieure.

Ex. 14: *tr* denotes a **trill** to the upper neighbor.

Ex. 15 : **Les grâces** sont jouées rapidement, dérobant un peu de temps à la note précédente afin que la note suivante puisse être jouée à la bonne mesure.

Ex. 15: **Grace notes** are played quickly, stealing a little time from the previous note, so that the following note is played on the beat.

Ex. 16 : Une barre oblique indique le **coulissement** d'une note vers le haut.

Ex. 16: A diagonal line indicates an upward **slide** into a note.

Rythmes

Pour faciliter la lecture, nous avons décidé de ne pas mentionner de nombreuses subtilités rythmiques propres à la musique québécoise telles que des accents, anticipations, bourdons et coups d'archet. Cependant, vous trouverez ci-dessous des suggestions pour inclure ces aspects ainsi que dans les conseils de style précédant chaque pièce.

Rhythm

Out of concern for readability, we have opted not to notate many subtle rhythmic characteristics of québécois music, such as accents, anticipations, drones, and bowings. However, ideas for including these aspects can be found here and in the style tips above some of the tunes.

Swinger les croches

Nous entendons par *swinger* rallonger la première note par rapport à la seconde. Dans de nombreux styles de musiques traditionnelles, un swing naturel est parfois mieux représenté dans la partition par un triolet aux deux premières notes liées bien qu'un musicien puisse en pratique utiliser un swing plus pointé ou égal. L'ajout de swings aux reels et leur fréquence varient largement selon les styles individuels et régionaux. De manière générale, la plupart des musiciens québécois font un peu moins usage de swings dans les reels (beaucoup moins pour ce qui est des musiciens plus âgés) que les musiciens de style irlandais ou de Nouvelle-Angleterre .

Swing eighth notes

To **swing** the eighth notes means to make the first note a little longer than the second. Natural swing feel for many styles of traditional music is perhaps best captured in music notation by a triplet with the first two notes tied together, though individual players may use a more dotted or more even swing in practice. The practice of adding swing to reels, and how much swing to add, varies widely according to regional and individual styles. Generally we find that most players in Québec use somewhat less swing (and in the case of older players, much less) on reels than Irish- or New England-style players.

Ex. 17 : Pour un reel de style québécois, jouez à mi-chemin environ entre des croches régulières et un swing de triolet lié.

Ex. 17: For reels in québécois style, play approximately midway between straight eighths and tied-triplet swing.

Les 6/8, dénommés *jigs* dans la tradition celte, ont leur propre *swing* placé sur les deux premières notes de chaque temps. Ces notes ne sont ni vraiment pointées, ni vraiment égales, mais plutôt entre les deux. Au Québec, les 6/8 semblent être universellement joués avec des swings.

6/8 tunes, called jigs in the Celtic tradition, have their own "swing" on the first two notes of every beat. These notes are not quite dotted and not quite equal, but somewhere in between. In Québec, 6/8s seem to be universally played with swing.

Ex. 18 : Pour un 6/8, jouez à mi-chemin environ entre des croches réguliers et pointés.

Ex. 18: For 6/8s, play approximately midway between straight and dotted eighths.

Pour une valse, la force du swing ou la régularité des croches dépendent de la pièce. On trouve parfois un mélange intrigant de croches swingées et régulières dans la même pièce. Dans les descriptions précédant chaque valse, nous indiquerons si un swing est approprié.

For waltzes, the swinginess or evenness of the eighth notes depends on the tune, and sometimes there is an intriguing mix of swing and even eighths in the same tune. We indicate where swing is appropriate in the descriptions before each waltz.

Ex. 19 : Trois exemples présentant de subtiles différences rythmiques pour la valse.

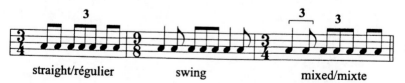

straight/régulier   swing   mixed/mixte

Ex. 19: Three examples in waltz time with subtle rhythmic differences

Accents, structure d'accents mobiles, et syncopes

Dans de nombreux styles de musique traditionnelle, les reels sont joués avec un accent prévisible sur le contretemps (la 3e croche d'un groupe de quatre).

Accents, the moveable accent pattern, and syncopation

Reels in many traditional music styles are played with a predictable accent on the back-beat or off-beat (the third eighth note of a group of four).

> = accent

Ex. 20 : Accents sur le contretemps

Ex. 20: Back-beat accents

Alors que des musiciens citadins d'aujourd'hui accentuent la 3e croche (écoutez par exemple *Québec Pure Laine*), le style traditionnel québécois doit son entrain à une utilisation capricieuse d'accents. Une autre structure bien connue, que nous qualifions de **structure d'accents mobiles,** présente des accents sur les premières et 3e croches d'un groupe et sur les 2e et 4e croches du groupe adjacent.

While some modern urban players in Québec do employ back-beat accents (listen to *Québec Pure Laine* for an example), traditional québécois style gets its "lift" from a more quirky use of accents. One common pattern, which we dub the **moveable accent pattern,** has accents on the first and third eighth notes of one group and the second and fourth eighth notes of the adjacent group.

Ex. 21 : Structure d'accents mobiles  **or/ou** Ex. 21: Moveable accent pattern

Les syncopes sont le cachet des pièces québécoises et doivent autant que possible être accentuées. La pièce 102 offre un exemple de syncopes typiques. Une structure syncopée intéressante, similaire au « double shuffle » propre au bluegrass (*Orange Blossom Special shuffle*), apparaît aussi dans la partie B de la pièce 106 ainsi que dans quelques autres airs. L'astuce consiste à combiner judicieusement des groupements de notes accentuées et non-accentuées de manière à mettre en valeur la mélodie. Prêter attention à l'endroit où les musiciens et gigueurs placent leurs accents est le meilleur moyen de développer ce son dans votre propre jeu.

Syncopations are a hallmark of québécois tunes, and should be accented. For example, #102 contains some typical syncopations. An interesting syncopated pattern, similar to the **double shuffle** used in bluegrass fiddling (Orange Blossom Special shuffle), appears in the B part of #106 and a few other tunes. The trick is to judiciously combine unaccented and accented groupings of notes in a way that enhances the melody. Listening to where melody players and step-dancers put their accents is the best way to develop this sound in your own playing.

Pauses, souffles et notes staccato

Les musiciens québécois ajoutent également des variétés rythmiques aux pièces en accentuant les pauses dans le déroulement de la mélodie. Ainsi, la plupart des noires ou noires pointées sont raccourcies pour permettre une respiration entre les notes. Nous avons inclus des pauses dans les transcriptions, ou nous indiquons les notes à jouer staccato (courtes) dans les conseils de style, quand cela est nécessaire au style d'une pièce.

Rests, breaths, and staccato notes

Players in Québec add rhythmic variety to tunes in another way as well, by emphasizing breaks in the flow of the melody. For example, most quarter or dotted-quarter notes should be shortened to allow for breathing space between the notes. Where this is particularly important for the character of a tune, we have included rests in the transcriptions, or indicated in the style tips that certain notes should be played staccato (short).

Ex. 22 : Les notes longues d'une mélodie sont souvent à interpréter avec des respirations ou pauses.

Ex. 22: Long notes in a melody should often be interpreted with breaths or rests.

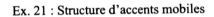

Style pour instruments mélodiques

Au violon

Style for melody instruments

Fiddle

Suggestion d'enregistrements/Recommended listening

- *André Alain : Violoneux de St-Basile-de-Portneuf*
- *Louis Boudreault : Old-Time Fiddler of Chicoutimi, Québec*
- *Jean Carignan : Ti-Jean Carignan*
- *Éric Favreau et Mario Landry : Reel à deux*
- *Lisa Ornstein : Le bruit court dans la ville*
- *Liette Remon : Un p'tit air de famille*
- *Jean-Marie et Martin Verret : Quadrille du XIXe et XXe siècle*

Cordes ouvertes et bourdons

De manière générale, les violoneux restent en première position et jouent aussi souvent que possible à cordes ouvertes. Les bourdons sont largement utilisés surtout dans les pièces les plus anciennes. Les double cordes doigtées sont également utilisées à l'occasion. Par peur de surcharger les transcriptions, la présence de bourdons ne sera pas annotée dans les partitions mais discutée individuellement dans les conseils de style de chaque pièce.

Scordatura

Alors que la majorité des pièces sont jouées selon un accordage standard (sol-ré-la-mi), les violoneux québécois utilisent parfois un accordage alternatif spécial dénommé *scordatura* pour des pièces en ré et en la. Pour ceux qui n'ont jamais essayé, nous vous recommandons vivement cette façon d'accorder le violon. Son effet sonore est impressionnant et votre jeu en sera transformé. Le résultat obtenu en vaut la peine!

Pièces en ré : Accordez la corde de sol un ton plus haut (la-ré-la-mi) pour les pièces 16, 21, 45, 48 et 67. Certains violoneux jouent la pièce 21 avec un accordage la-ré-la-ré (le sol monté d'un ton et le mi baissé d'un ton) pour une sonorité avec plus d'effets.

Pièces en la : Une vibration plus claire peut être obtenue en accordant le sol et le ré un ton plus haut (la-mi-la-mi). Ce réglage est connu sous le nom d'accordage *en vielle*, l'ancêtre du violon. À utiliser pour les pièces 3, 8, 35, 49, 70, 77, 85 et 121. L'accord en la-mi-la-do♯ est utilisé pour la pièce 39. Le sol et le ré sont donc montés d'un ton alors que le mi est baissé d'un ton et demi. Ceci prend du temps mais est indispensable pour obtenir la sonorité et les bourdons nécessaires à cette pièce.

Toutes les mélodies de type scordatura mentionnées sont transcrites tel qu'entendues. Vous pouvez avoir à rajouter des marquages de doigtés.

Maniement de l'archet

Utilisez des coups d'archet simple avec, de temps en temps, deux ou même trois notes liées (jamais plus de trois) . En général, les temps forts sont joués avec un coup d'archet tiré . Faites usage de coups d'archet hardis, joyeux et énergiques, enlevez les accents et triolets et arrêtez l'archet sur la corde pour des pauses ou souffles (voir ci-dessus : Ornementation et Rythme). Des notes rapides sont souvent jouées d'un simple coup cisaillé sur la corde (*legato*) mais peuvent être aussi exécutées avec un archet rebondissant sur la corde (*spiccato* non-

Open strings and drones

Generally fiddlers stay in first position and use open strings where possible. Open string drones are used liberally, especially in the oldest tunes. Occasionally double-stops that require additional fingered notes are used. Rather than clutter the transcriptions with extra open string notes, style tips for individual tunes discuss where drones are most appropriate.

Cross-tunings (scordatura)

While the majority of fiddle tunes are played in standard tuning (G-D-A-E), fiddlers in Québec occasionally use special alternative tunings, called cross-tunings, for D and A tunes. If you have never tried **cross-tunings**, we highly recommend you do. The resonant effect that retuning has on the tune is impressive and easily outweighs the inconvenience. You will find that your playing of the tune suddenly sounds much more like the fiddler you emulate.

D tunes: Tune the G string up a step to A-D-A-E for #16, #21, #45, #48 and #67. Some fiddlers play #21 in A-D-A-D tuning (G up and E down a step) for an even more resonant effect.

A tunes: A brighter resonance is achieved by tuning the G and D up a step to A-E-A-E. This tuning is called **en vielle**, after an ancestor of the modern violin. Use it to play #3, #8, #35, #49, #70, #77, #85 and #121. A-E-A-C♯ tuning is used for #39. This is a lot of work to re-tune (G and D up a step, E down a third to C♯), but essential and worthwhile to get the resonance and drones required for this tune.

All the cross-tuned tunes mentioned above are transcribed as they sound, so fiddlers may wish to add fingering markings.

Bowing

Use single bows, with occasional two- or even three-note slurs, but never more than three. Generally downbeats of phrases are played with a down-bow. Use bold, joyful, energetic bow strokes, punching out accents and bowed triplets, and stopping the bow on the string for rests or breaths (see Ornamentation and Rhythm above). Fast notes are often played with a simple saw stroke, on the string (**legato**), but can also be played with the bow bouncing off the string

controllé ou sautillé). Les pièces 39 et 74 se prêtent bien à ce type de maniement de l'archet.

(**uncontrolled spiccato** or **sautillé**). #39 and #74 are good tunes to try with a bouncy bow.

Les notes d'agrément, comme par exemple dans la pièce 51, sont souvent utilisées entre des notes répétées pour remplacer un changement de coup d'archet.

Grace notes, such as in #51, are sometimes used between repeated notes to replace a bow change.

Ex. 23 : Jouez la note d'agrément ainsi que celle la précédant et les 2 suivantes d'un seul et même coup d'archet.

◻ = down bow/archet tiré
V = up bow/archet poussé

Ex. 23: Play the note before the grace, the grace note and the two notes after the grace all in the same bow.

Les syncopes sont souvent exécutées avec un léger coup d'archet effleuré comme dans la pièce 74. Le violoneux Louis Beaudoin affirmait catégoriquement que l'on doit jouer les quatre notes avec quatre coups d'archet séparés (alléger seulement la 3e) plutôt que de lier les deux notes du milieu et d'exécuter deux coups d'archet poussés à la suite. Accentuez les 2e et 4e notes. Dans une pièce d'accordéon comme la 102, les syncopes devraient être jouées au violon avec un coup d'archet effleuré .

Syncopations are often achieved with a ghosted down-bow, for example in #74. Fiddler Louis Beaudoin was emphatic that you have to bow all four notes (just lighten up on the third one), rather than tying the middle two and taking two up-bows in a row. Accent the second and fourth notes. In accordion tunes such as #102, the syncopations should also be played on fiddle with the ghosted down-bow.

Ex. 24 : Le coup d'archet effleuré devrait être utilisé au lieu d'une liaison.

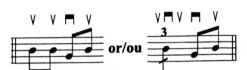

Ex. 24: The ghosted down-bow should be used instead of a tie.

Louis Boudreault utilisait souvent un coup d'archet unique sur des croches répétées qu'il jouait par deux coups d'archet poussés entrecoupés d'un arrêt.

Louis Boudreault often used a unique bowing on repeated eighth notes, playing them on two successive up-bows with a stop in between.

Ex. 25 : Le double coup d'archet poussé de Louis Boudreault ressemble au triolet (poussé - tiré - poussé sur la même note), avec des accents sur les coups poussés, et en effleurant le coup tiré.

or/ou

Ex. 25: Louis Boudreault's double up-bow approaches the bowed triplet (up-down-up on the same note), with the up-bows accented and the down-bow ghosted.

Jean-Pierre Joyal, 1993

À l'accordéon

Accordion

L' instrument

Les virtuoses et fabricants d'accordéon sont très nombreux au Québec. Consultez le livret-vidéo de Pépin pour apprendre à jouer de l'instrument et trouver des fabricants. L'instrument le plus utilisé est un accordéon diatonique en ré ayant, à droite, une rangée de 10 boutons pour la mélodie, et des boutons d'accords et de basses à gauche pour l'accompagnement. Le même bouton produit deux notes différentes : une en poussant sur le soufflet, l'autre en tirant sur celui-ci. **Diatonique** signifie que les 10 boutons de droite jouent les notes d'une gamme majeure sans les demi-tons. Ainsi, la rangée de boutons d'un accordéon en ré produira (en poussant) un arpège de trois octaves en ré, et en tirant, deux octaves composées des autres notes de la gamme de ré. L'étendu de l'accordéon en ré va donc du do moyen au ré deux octaves plus haut, avec une ou deux notes en dessus et en dessous de cela. Chaque note mélodique peut être interprétée par jusqu'à quatre anches simultanément, comme par exemple, trois anches dans la même octave et une autre à l'octave au-dessus. La main gauche accompagne de manière très légère par des accords et basses alternés.

L'accordéon en ré peut être utilisé pour des pièces en ré majeur/si mineur, la majeur/fa♯ mineur (bien qu'avec le sol♯ manquant) et sol majeur/mi mineur (bien qu'avec le do manquant). Les autres types de tonalités les plus fréquentes sont : une rangée en la, deux rangées en do/do♯ (commun à la musique irlandaise) et trois rangées en sol/do/fa. Le fabricant ou réparateur d'accordéon peut, selon la préférence du musicien, procéder à un accordage « sec » (accordant les anches de chaque note presque parfaitement les unes aux autres) ou un accordage « mouillé » (accordant les anches à des hauteurs légèrement différentes de telle sorte qu'elles « combattent » les unes contre les autres).

The instrument

Virtuoso accordion players and makers abound in Québec. See the Pépin video and booklet for help finding an instrument and learning to play it. The instrument most commonly used is a D-row diatonic button accordion, which has one row of buttons for the right hand to play the melody, and chord and bass buttons for the left hand to accompany. The same button produces two different notes, one on the push and one on the pull of the bellows. **Diatonic** means the 10 buttons in the right-hand row play the notes of a major scale without the chromatic half-steps in between. . On a D-row, for example, if you use all the buttons on the push the result is a three-octave D arpeggio, and on the pull the result is two octaves of the other notes of the D scale. The continuous range of a D-row is middle C to the D two octaves above it, plus one or two notes above and below this range. Each melody note may be played by as many a four reeds sounding simultaneously; for example, three reeds in the same octave and one an octave above. The left hand accompanies very lightly on alternating bass and chord buttons.

The D-row accordion can be used for tunes in D major/B minor, A major/F♯ minor (although lacking G♯), and G major/E minor (although lacking C). The next most common tunings are one-row in A, two-row in C/C♯ (common in Irish music), and three-row in G/C/F. The accordion maker or repairer can give the instrument a **dry tuning** (the reeds for each note tuned nearly perfectly to each other) or a **wet tuning** (the reeds tuned to slightly different pitches so that they beat against each other), according to the player's preference.

Syncopes, ornementation et articulation

Des syncopes accentuées sont utilisées à l'accordéon pour ornementer la mélodie comme au violon. De nombreux accordéonistes ont aussi tendance à utiliser des ornementations mélodiques chargées, plus que ne le font les violoneux. Par exemple, le **mordant** (voir ci-dessus Ornementation) est souvent utilisé sur des passages de noires descendants. Des triolets de notes répétées, des trilles et des trémolos d'octave sont aussi très communs.

Syncopation, ornamentation and articulation

Acented syncopations are used to enliven the melody on accordion as they are on fiddle. Many accordionists tend to use heavy melodic ornamentation as well, more so than fiddlers. The **mordant** (see Ornamentation above) is often used on descending quarter-note passages, for example. Repeated-note triplets, trills, and **octave tremolos** are also common.

Ex. 26 : Trémolo d'octave

Ex. 26: Octave tremolo

Des variations impliquent souvent des noires, parfois ornées, parfois non-ornées, parfois doublées. Pour des exemples de ces trois options, reportez-vous à la pièce 68.

Variations often involve playing quarter notes sometimes ornamented, sometimes unornamented, and sometimes doubled. See tune #68 for examples of all three options.

Ex. 27 : Variations d'ornementation 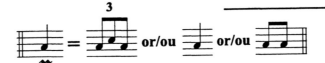 Ex. 27: Ornamentation variations

Ecoutez le jeu de Philippe Bruneau pour comprendre comment il utilise les octaves et autres accords avec sa main droite pour enrichir la ligne mélodique. Exemple : pièce 65.

Listen to the playing of Philippe Bruneau to hear how he uses octaves or other chords with his melody hand to enrich the melody line. See tune #65, for example.

Les accordéonistes font souvent précéder une note longue par une anticipation (la note est jouée plus tôt), comme si le musicien ne pouvait pas attendre plus longtemps pour jouer la note suivante. La pièce 68 illustre bien cet effet.

Accordionists often precede a long note by an anticipation (the note comes in early). It almost seems as though the player just couldn't wait to play the next note. #68 is also a good example of this.

Ex. 28 : Anticipation de notes longues  Ex. 28: Anticipation of long notes

De plus, des notes longues sont souvent « rythmées » (ou « découpées ») sur des temps intermédiaires, un effet obtenu en variant la vitesse des soufflets.

In addition, long notes are often softly pulsed on intermediate beats, an effect achieved by varying the speed of the bellows.

Ex. 29 : Rythmer les notes longues Ex. 29: Pulsing long notes

Adaptations de pièces de violon

Les accordéonistes doivent souvent modifier les pièces pour violon afin de les adapter aux notes disponibles sur leur instrument. Un changement de tonalité s'avère souvent nécessaire. Une deuxième possibilité consiste à jouer une partie de la pièce à une octave différente. La dernière est de réécrire la pièce en évitant les notes absentes du clavier de l'accordéon. Ces deux dernières méthodes peuvent presque passer inaperçues quand elles sont habilement exécutées.

Adaptations of fiddle tunes

Accordionists often have to make changes to fiddle tunes in order to make them fit the available notes on their instrument. A frequent solution is to change the key. Another is to play one part of the tune in a different octave. A third is to rewrite the tune so that accidentals not found on the accordion are avoided. These last two methods, when skillfully done, can be almost imperceptible to the ear.

Christian Laurence, Dorothy Hogan, 1992

Suggestion d'enregistrements pour d'autres instruments/ Recommended listening for other instruments

- *Louis Blanchette : Héritage québécois* (harmonica)
- *Gabriel Labbé : Harmonica diatonique* (harmonica)
- *Daniel Roy : Au tour du flageolet* (flageolet/wooden whistle)
- *Jean-Paul Loyer et André Marchand : Détournement majeur* (guitare/guitar)
- *La Bottine souriante : Je voudrais changer d'chapeau* (mandoline/mandolin)

Style d'Accompagnement québécois

Par Greg Sandell

Les accords dans ce livre 28
   Clés des symboles d'accords 29
Pieds 30
   Suggestion d'enregistrements 30
   Structure de tapements 30
À la Guitare 31
   Suggestion d'enregistrements 31
   Évolution du style 31
   Caractéristiques 31
Au Piano 31
   Suggestion d'enregistrements 31
   Suggestion de livre 31
   Transcriptions d'accompagnement au piano 32
   Caractéristiques et évolution du style 32
   Rythmes 32
   Marches chromatiques 33
   Harmonie et phrasé 33
   Disposition des voix 34
   La voix de ténor 35
   La substitution de triton 35
   Avis 36
Liste des symboles 37

Québécois Accompaniment Style

By Greg Sandell

About the Chords in this Book 28
   Key to Chord symbols 29
Pieds (feet) 30
   Recommended listening 30
   Tapping patterns 30
Guitar 31
   Recommended listening 31
   Evolution of the style 31
   Characteristics 31
Piano 31
   Recommended listening 31
   Recommended book 31
   The Piano Accompaniment Transcriptions 32
   Characteristics and Evolution of the Style 32
   Rhythm 32
   Chromatic Sequences 33
   Harmony and Phrasing 33
   Voicings 34
   Inner Tenor Voice 35
   Tritone Substitution 35
   Caveat 36
Key to symbols 37

Les accords dans ce livre

J'ai utilisé mes propres choix d'accords afin de tenter de représenter l'étendue des styles rencontrés au cours des nombreuses années passées à écouter les artistes québécois, sur enregistrement ou en public, et à accompagner les airs de violon québécois. Les pianistes qui m'ont particulièrement influencé sont : Nick Hawes, Benoît Legault, Luc Lavallée, Lise Verret et Yvan Brault. Une autre influence d'importance a été pour moi le jeu de guitare d'André Marchand. Ces artistes, ainsi que d'autres accompagnateurs qui sont également à la source des choix d'accords pour les pièces, sont répertoriés dans l'Appendice I.

Les harmonisations de ce livre sont parfois très chromatiques, tandis que d'autres ne le sont aucunement. Les pièces de violon les plus anciennes sont par tradition uniquement accompagnées par les tapements de pieds du musicien ou des danseurs, par le jeu des cuillères ou des os. C'est pour cela qu'il est parfois difficile de choisir des accords pour ces pièces auxquelles conviendraient probablement mieux des percussions ou des accords non-chromatiques. Les pièces à l'accordéon et les mélodies modernes de violon sont plus faciles à harmoniser, et certaines se prêtent même à des harmonisations très chromatiques. Lors de pièces « tordues », le but de l'accompagnateur est de mettre en valeur la structure de la pièce en suivant de près les irrégularités métriques et de faciliter ainsi la compréhension de la pièce.

J'inclus souvent un « deuxième choix » d'accords pour l'accompagnateur. Ces accords optionnels sont indiqués entre crochets au-dessus du choix d'accord initial. Certaines de ces options sont des accords isolés qui offrent une substitution pour un simple accord. D'autres fois, ces options

About the Chords in this Book

I have used my chord choices to try to represent the range of styles I have heard in many years of listening to québécois performers, recorded and live, and from my own experience of backing up québécois fiddle tunes. Pianists who have particularly influenced me have been Nick Hawes, Benoît Legault, Luc Lavallée, Lise Verret and Yvan Brault. Another major influence is the guitar playing of André Marchand. These and other accompanists who were the sources of chord choices for particular tunes are listed in Appendix I.

The harmonizations in this book range from non-chromatic to very chromatic. The oldest fiddle tunes are traditionally played accompanied only by the percussive sounds of the musician's or dancer's feet, or by spoons or bones. For this reason it is sometimes difficult to choose chords for these tunes. They will probably sound best with just percussion or with non-chromatic chords. Accordion tunes and more modern fiddle tunes are easier to harmonize, and some lend themselves to very chromatic harmonizations. With "crooked" tunes, the goal of the accompanist is to support the form of the tune, following any metric irregularities closely, and thus helping the listener make sense of the tune.

I often include "second choice" chords for the accompanist. These optional chords are shown in brackets above the primary chord choice. Some of these options are isolated chords that offer a substitution for a single chord. Other times, such options

n'ont de sens que pris dans le contexte des autres accords optionnels co-mentionnés. Quand une séquence entière d'accords est mise entre crochets simples, jouez-la en entier. Quand il y a une longue suite d'accords mélangés (certains entres crochets, d'autres non), jouez soit tous les accords alternatifs soit aucun d'entre eux car les choix d'accords peuvent n'avoir de sens que pris dans une suite plus longue.

Certaines options peuvent être considérées comme un accompagnement plus élégant, ou chromatiquement plus osé. Cela peut aussi indiquer autre une manière d'accompagner la pièce lors de la répétition de la section. Pour un petit nombre de pièces, les alternatives de choix d'accords étaient si vastes que nous avons choisi d'écrire les répétitions dans leurs intégrités pour conserver une lecture facile.

Au Québec, le style d'accompagnement à la guitare est généralement moins chromatique que celui du piano, les guitaristes devront donc adapter les accords de piano à leur propre instrument. Les contre-chants chromatiques dans le ténor (voir ci-dessous) sont particulièrement difficiles à reproduire à la guitare. Des choix d'accords hors de l'ordinaire existent pour soutenir ce contre-chant. Sans eux, la logique cachée derrière les accords devient moins claire. Les guitaristes doivent s'attendre à devoir simplifier les accords (dans de nombreux cas en évitant les accords optionnels entre crochets) ou mieux, à trouver une traduction des accords plus appropriée à la guitare et qui parvient à reproduire le style chromatique.

Pour finir, rappelez-vous que ces accords sont simplement des suggestions. Les trois transcriptions d'accompagnements de piano incluses dans l'appendice II comportent un certain nombre de séquences d'accords chromatiques plus osés. Ces trois transcriptions montrent au pianiste comment de telles harmonies peuvent fonctionner. Vous êtes dans tous les cas seul juge : utilisez vos goûts personnels et décidez de ce qui vous convient le mieux.

make sense only in the context of the other optional chords that appear with them. When a whole sequence of chords is enclosed in a single bracket, play the whole succession. When there is a long succession of mixed chords (some bracketed, some not), play all the alternative chords or none of them, because the chord choices may make sense only as part of a longer succession.

Many of the options can be thought of as a fancier, or chromatically more daring, accompaniment. On other occasions the intention is to indicate the way the tune could be chorded on the repeat of that section. For a small number of tunes, the alternate chord choices were so extensive that we chose to write the repeats out in full in order to keep the tunes easy to read.

In Québec, the guitar accompaniment style is generally less chromatic than the piano style, so guitarists will need to adapt the more pianistic chords for their own instrument. Particularly, chromatic inner tenor voices (see below) are likely to be rather challenging to implement on the guitar. Some "odd" chord choices exist to accommodate this moving inner voice. Without this voice, the logic behind the chords becomes less clear. Guitarists should therefore be prepared to simplify the chords (in many cases, avoiding the optional chords in brackets), or better, find a translation of chords that captures the chromatic style but is more accommodating to the guitar.

Finally, just keep in mind that these chords are merely suggestions. The three transcriptions of actual piano accompaniments that are included in Appendix II include a number of more daring chromatic chord sequences; from these, pianists can see how I make such harmonies "work". But no matter what, you are the best judge of what works and what doesn't; use your own taste and decide what sounds best for you.

Clés des symboles d'accords

D or Dmaj = ré majeur (ré fa♯ la)

Dm = ré mineur (ré fa la)

D/F♯ = ré majeur avec fa♯ en basse au lieu de ré

D (no 3rd) = ré sans le fa♯ (ré, la)

D7 = ré septième (ré fa♯ la do)

DMaj7 = ré majeur septième (ré fa♯ la do♯)

Dm7 = ré mineur septième (ré fa la do)

D° = ré diminué (ré fa la♭)

D°7 = ré diminué septième (ré fa la♭ si)

Dø7 = ré à moitié diminué septième (ré fa la♭ do)

D⁺ = ré augmenté (ré fa♯ la♯)

Dsus4 = ré suspendu en 4 (ré sol la)

[D] = ré optionnel comme accord additionnel ou substitution

Key to Chord symbols

D or Dmaj = D major (D F♯ A)

Dm = D minor (D F A)

D/F♯ = D major with F♯ in the bass instead of D

D (no 3rd) = D chord with no third (D A)

D7 = D dominant seventh (D F♯ A C)

DMaj7 = D major seventh (D F♯ A C♯)

Dm7 = D minor seventh (D F A C)

D° = D diminished (D F A♭)

D°7 = D diminished seventh (D F A♭ B)

Dø7 = D half-diminished seventh (D F A♭ C)

D⁺ = D augmented (D F♯ A♯)

Dsus4 = D with suspended 4 (D G A)

[D] = D optional as additional chord or substitution

Pieds

Pieds (feet)

Suggestion d'enregistrements/Recommended listening
- *Louis Boudreault : Old-Time Fiddler of Chicoutimi, Québec*
- *La Bottine souriante,* tous les albums / all albums
- *Les Charbonniers de l'enfer : Chansons à cappella*

Structure de tapements

Au Québec, presque chaque groupe traditionnel a au moins un musicien qui tape des pieds tout en jouant. Ces tapements sont utilisés dans la plupart des pièces et chansons. Le musicien est assis sur une chaise à dossier droit placée sur un parquet en bois (ou un morceau de contreplaqué) sur lequel il tape des pieds avec des chaussures dures comportant parfois des claquettes (fers).

Il y a deux structures de bases que les musiciens utilisent pour s'accompagner dans les reels. La plus commune consiste à taper du talon droit (ou le pied au complet), de la semelle droite et de la semelle gauche sur, respectivement, la première, la 3e et la 4e croches de chaque temps.

Tapping patterns

Nearly every traditional group in Québec has at least one player who taps his/her feet while playing, and tapping is used on most of the tunes and songs. The player sits in a straight-backed chair on a wood floor (or a piece of plywood) while wearing hard shoes, sometimes with taps.

There are two basic clogging patterns which musicians use to accompany themselves on reels. The more common pattern has taps on the first, third and fourth eighth notes of each pulse, done with the right heel (or whole foot), right ball and left ball of the foot, respectively.

D = droit/right   T = talon/heel
G = gauche/left   S = semelle/ball

Ex. 30 : Structure à trois tapements

Ex. 30: Three-tap pattern

L'autre structure, utilisée entre autres par Louis Boudreault, consiste à taper sur toutes les croches, en ajoutant le talon gauche sur la deuxième note.

The other pattern, used by Louis Boudreault and others, has taps on all the eighth notes, including the left heel on the second note.

Ex. 31 : Structure à quatre tapements

Ex. 31: Four-tap pattern

Ces structures sont parfois alternées par des arrêts et accents rappelant les rythmes des pièces et de la gigue. Dans les albums de La Bottine souriante, vous entendez les tapements d'André Marchand et Michel Bordeleau. Dans *Les charbonniers de l'enfer*, Michel est encore plus créatif et tape sur un rythme à 6/8.

These patterns are occasionally varied by stops and accents, recalling the rhythms of the tunes themselves and of step-dancing. You can hear André Marchand and Michel Bordeleau do the tapping on La Bottine souriante's albums. On *Les charbonniers de l'enfer*, Michel gets more creative, tapping even in 6/8 rhythm.

Paul Marchand

À la Guitare

Guitar

> **Suggestion d'enregistrements/Recommended listening**
> - *André Marchand : Le bruit court dans la ville*
> - *Jean-Paul Loyer, Paul Marchand et al. : Ojnab : Le messager*

Évolution du style

Jusqu'aux années 70, les multiples possibilités d'accompagnement à la guitare n'avaient pas été exploitées. Les personnes importantes pour l'évolution actuelle du style d'accompagnement à la guitare sont André Marchand, Gilles Cantin, Guy Bouchard (tous les trois membres de La Bottine souriante à ses débuts), Paul Marchand, Jean Cantin et Bernard Simard. Les origines du style d'accompagnement des pièces instrumentales proviennent du style d'accompagnement des **chansons à répondre** (chansons à appel et réponses, une forme très pratiquée de chansons traditionnelles au Québec). Certains musiciens ont aussi été influencés par les styles d'accompagnement des chansons folk canadiennes anglaises, américaines et anglaises ainsi que par le style moderne irlandais.

Caractéristiques

La plupart des guitaristes préfèrent un accordage standard (mi la ré sol si mi). C'est le cas d'André Marchand qui utilise un accord standard (parfois avec un capo) pour pratiquement la totalité de son travail avec La Bottine souriante et André Alain. Le guitariste met en valeur le mode de la pièce et la ligne de basse plutôt que l'accord sur le contretemps. Les éléments du style contemporain de la guitare dans l'accompagnement de la musique québécoise pour la danse sont marqués par des rythmes énergiques et bien réguliers qui portent la musique toujours en avant, comportant des bourdons et des substitutions d'accords souvent surprenantes.

Evolution of the style

Guitar accompaniment possibilities were not much explored until the 1970s. Key figures in the evolution of today's guitar back-up style are André Marchand, Gilles Cantin, and Guy Bouchard (all with La Bottine souriante in the early days), Paul Marchand, Jean Cantin and Bernard Simard. The roots of the style for backing up instrumental tunes are in the back-up style for **chansons à répondre** (call and response songs, a major traditional song form of Québec). Certain players have also been influenced by English-Canadian, U.S. and English folk song back-up styles, as well as modern Irish guitar back-up style.

Characteristics

Most guitarists prefer standard tuning (E-A-D-G-B-E). For example, André Marchand used standard tuning (sometimes with a capo) for virtually all his work with La Bottine souriante and André Alain. The guitarist supports the mode of the tune, and emphasizes the bass line rather than the upbeat chord. Driving rhythm (rock-steady and pushing forward), **pedal chords** (staying on the same chord for several bars even when the melody seems to clash) and unexpected chord substitutions are hallmarks of the guitar style heard today.

Au Piano

Piano

> **Suggestion d'enregistrements/Recommended listening**
> - *Richard Forest, Benoît Legault et al : Québec pure laine*
> - *Jean-Pierre Joyal et Luc Lavallée : Dances d'ici*
> - *Jean-Marie, Martin et Lise Verret : Quadrille du XIXe et XXe siècle*
> - *Accordéons diatoniques, anthologie*
> - *Lisa Ornstein, Denis Pépin et Yvan Brault : Les danseries de la belle province et Les danseries de l'autre bord de l'eau*
>
> **Suggestion de livre/Recommended book**
> - Peter Barnes, *Interview with a Vamper: Piano Accompaniment Techniques for Traditional Dance Music.*

N.B. Peter Barnes est un musicien accompli qui, lors de ses séminaires au New England Folk Festival et ailleurs, a beaucoup apporté au monde de l'accompagnement au piano pour la musique traditionnelle. Son livre est une compilation merveilleuse de plusieurs années d'expérience qui est écrit dans un style très distrayant et humoristique. Bien que ce livre ne soit pas concentré sur le style québécois, c'est une source fort utile pour le pianiste qui accompagne la musique de danse.

Note: Peter Barnes is a consummate musician who has done much for the world of folk music piano accompaniment with his workshops at the New England Folk Festival and elsewhere. His book is a wonderful compilation of his years of experience and written in a very entertaining, humorous style. While the focus of the book is not québécois style, this is a valuable resource for any pianist who is a dance musician.

Transcriptions d'accompagnement au piano

Dans l'Appendice II, vous trouverez trois accompagnements de pièces québécoises incluant autant de détails possible afin de saisir les rythmes et les harmonies. Ces trois exemples illustrent concrètement les nombreux principes d'accompagnement québécois décrits ci-dessous.

Caractéristiques et évolution du style

Les instruments utilisés pour accompagner la musique traditionnelle déterminent sa sonorité. Seulement quelques traditions folkloriques utilisent le piano comme instrument d'accompagnement, incluant le Ceili band irlandais, la musique du Cap Breton et du Québec.

La forme de base la plus simple de tout accompagnement au piano de style traditionnel, pour une mélodie en 2/4 ou 4/4, donne la basse à la main gauche sur le temps fort et l'accord à la main droite sur le contretemps (le « et » du temps)—un style d'accompagnement bien connu dans le monde anglophone sous le nom de « boom-chick ». De plus, les harmonies sont souvent limitées aux trois accords suivants : tonique, sous-dominante, et dominante (dans la tonalité de ré majeur, par exemple : ré, sol et la). Cette forme d'accompagnement est très pratique pour créer des rythmes de danse et occupe une bonne place dans la musique québécoise. Durant les dernières décennies, de nombreux pianistes québécois ont cependant développé un style plus sophistiqué qui doit beaucoup au jazz. On peut notamment entendre des harmonies très chromatiques et des syncopes que l'on ne retrouve dans (presque) aucune autre tradition folklorique que celle de la musique québécoise.

Ce nouveau style fut développé dans les années 60 par des musiciens tels que Philippe Bruneau, Lise Verret, Yvan Brault et Gilles Losier. Des pianistes comme Jean-Yves Hamel (des Montagnards laurentiens) et Madeleine Alain (épouse de l'accordéoniste René Alain avec la famille Soucy) furent à l'origine des premières influences. Ce style est préservé et développé par Dorothée Hogan, l'accompagnatrice de Philippe Bruneau pendant les années 80 ainsi que par Mario Loiselle. Denis Fréchette (de la Bottine Souriante), Luc Lavallée, Benoit Legault, Denis Pépin et Réjean Brunet sont des pianistes qui ont jazzifié le style et l'ont porté vers de nouveaux horizons.

Rythmes

Les rythmes syncopés de l'accompagnement au piano de la musique québécoise doivent être entendus ou joués pour être appréciés. Il est plus difficile de discuter de manière verbale de style rythmique que de style harmonique. Les trois transcriptions de l'Appendice II, tout particulièrement **Carnaval** et **Galope à Denis**, ainsi que les enregistrements conseillés sont les meilleures sources d'apprentissage de cet aspect du style québécois. En particulier, je mentionnerais brièvement un rythme typique du style québécois qui signale la fin d'une partie surtout si l'harmonie indiquée est V-I. C'est un accent robuste et comique - « ba dump BUMP » - qui peut inciter les danseurs à faire le même accent avec leurs pieds. Ce rythme peut être trouvé dans l'accompagnement de **Carnaval** aux endroits suivants de la transcription : mesures 39-40, 47-48 et 95-96 (version en mineur), 63-64 et 119-120 (version en majeur).

The Piano Accompaniment Transcriptions

In Appendix II you will find three accompaniments to québécois tunes, including as much detail as possible to capture the rhythm and harmony. These can be used to provide practical demonstrations of many of the principles of québécois backup which I describe below.

Characteristics and Evolution of the Style

The instruments that are used to accompany traditional music play a critical role in defining its sound. The piano has only a handful of folk traditions in which its sound as a back-up instrument finds a welcome home. Among these are the Irish Ceili band, the music of Cape Breton, and québécois music.

The most simple, basic form of any folk-style piano accompaniment for a duple meter tune is left-hand bass on the downbeat, and right-hand chord on the upbeat—the well-known "boom-chick" accompaniment. Furthermore, the harmonies are often limited to the tonic, sub-dominant and dominant harmonies (D, G and A major chords in the key of D, for example). This form of accompaniment is very practical for creating dance rhythm and is not out of place in québécois music; however, in recent decades many québécois pianists have developed a more sophisticated style which owes much to jazz. In particular, one hears highly chromatic harmonies and syncopations which, outside of québécois music, one finds in almost no other folk traditions.

This new style was developed in the 1960s by players such as Philippe Bruneau, Lise Verret, Gilles Losier and Yvan Brault. Earlier influential pianists included Jean-Yves Hamel (of Les montagnards laurentiens) and Madeleine Alain (wife of Réné Alain, with La Famille Soucy). This style has been preserved and developed by Dorothy Hogan (Bruneau's accompanist during the 1980s) as well as Mario Loiselle. Pianists Denis Fréchette (of La Bottine souriante), Luc Lavallée, Denis Pépin, Réjean Brunet and Benoît Legault have strong jazz influences and continue to push the piano style into new territory.

Rhythm

The syncopated rhythms of québécois piano accompaniment have to be heard or played to be appreciated; it is harder to discuss rhythmic style in words than it is to discuss harmonic style. So the three transcriptions in Appendix II, particularly **Carnaval** and **Galope à Denis**, and the suggested recordings, are the best sources for learning this aspect of québécois style. One particular "signature" of québécois backup that I will briefly mention, is something that happens at ends of sections, usually where the harmony has a particularly final-sounding V-I cadence. It's a rollicking, humorous "ba dump BUMP" that can be very exciting for the dancers if there is a foot-stamp at that moment. Places where this rhythm can be found in the **Carnaval** piano accompaniment transcription are: measures 39-40, 47-48, and 95-96 (minor key version), and 63-64 and 119-120 (major key version).

Marches chromatiques

Les éléments harmoniques « jazzés » de l'accompagnement piano québécois comportent des suites d'accords complexes, comprenant des accords diminués, augmentés, et septièmes dominantes chromatiques. Les constructions harmoniques peuvent s'étendre sur plusieurs mesures, modelant le phrasé de la mélodie. Il y a aussi une disposition des voix riches et des mouvements mélodiques chromatiques à l'intérieur. Voici trois exemples de substitutions harmoniques que l'on trouve sur des enregistrements et dans ce livre :

1. Embellir un accord simple en introduisant des accords chromatiques entre la position fondamentale et le premier renversement de l'accord. Par exemple, pendant les cinq temps d'une pièce (2 mesures et demie), bien que la pièce suggère une harmonie en ré, les accords peuvent être variés en passant par plusieurs accords chromatiques : ré, ré♯ 7e diminuée, mi mineur, fa 7e diminuée, ré avec fa♯ dans la basse. Les accords de ré au début et à la fin de la progression peuvent être considérés comme des points de repère pour les accords chromatiques qui montent entre ces deux accords de ré. Exemple : mesures 1-3 de la partie A de la pièce 25.

2. Marches harmoniques suivant le cercle des quintes. Cette marche harmonique est omniprésente à travers toute la culture musicale occidentale (folklorique, populaire, classique) sous de nombreuses formes. La forme typique est une progression durant cinq temps composée de I, VI, II, V, I, ou en ré : ré, si mineur, mi mineur, la, ré. Exemple : pièce 6, mesures 3-5 de la partie B. Une alternative fréquente est d'ajouter des septièmes à tous les accords sauf la tonique : ré, si mineur 7e, mi mineur 7e, sol 7e, ré. Exemple : pièce 24, mesures 14-16 de la partie B. Une version de cette progression en mineur peut être trouvée dans la pièce 29, mesures 1-4 de la partie B. La variante qui rend cette progression particulièrement québécoise est la version en majeur lors de laquelle tous les accords VI et II sont altérés donnant des 7èmes de dominantes secondaires. Exemple : pièce 16, mesures 2-4 de la partie B (les accords optionnels entre crochets). Une autre variante un peu plus longue de cette progression commence par le IV : en ré majeur, sol, sol dièse 7e diminuée, ré majeur (avec la dans la basse), si 7e, mi 7e, la 7e, ré. Peter Barnes a baptisé cette variante la « Texas Swing Progression. » Exemple : pièce 30, mesures 12-16 de la partie A.

3. Une progression apprise d'Yvan Brault. Elle s'étend sur dix temps, et arrive quand la 4e mesure d'une pièce commence par plusieurs mesures d'un accord II. En ré, la progression est : mi mineur (3 temps), mi augmenté (avec sol♯ dans la basse), la majeur, sol majeur (si dans la basse), do 7e diminuée, la majeur (do♯ dans la basse), fa 7e diminuée, ré (fa♯ dans la basse). Exemple: pièce 106, mesures 4-8 de la partie A ou mesures 109-112 de ma transcription pour piano d'accompagnement du **Carnaval** (voir Appendice II).

Harmonie et phrasé

Cet ensemble impressionnant et complexe de possibilités permet à l'accompagnateur de prendre une part active dans l'élaboration du son de la musique plus qu'il ne le ferait dans un autre genre folklorique qui limite les harmonies à des accords simples majeurs et mineurs. Dans ce dernier cas en effet, les notes de la mélodie décident des accords : un accord de ré en arpège dans la mélodie implique un accord de ré dans l'accompagnement. Quant à lui, le style québécois chromatique rend compte de la direction de la phrase et permet aux accords de soutenir la phrase dans cette

Chromatic Sequences

The jazzy harmonic elements of modern québécois piano accompaniment comprise complex successions including diminished, augmented and chromatic dominant seventh chords, harmonic constructions extending across several bars to shape the phrase of the tune, and rich voicings with chromatic moving inner melodies. Here are three examples of chord sequences that one finds on recordings and in this book:

1. Expanding a single chord into several by introducing chromatic chords in between the root and first-inversion position of the chord. For example, over the course of five pulses of a tune (2 1/2 bars), while a tune may suggest a single D major harmony, the chords could actually cover several chromatic passing chords: D major, D♯ diminished 7th, E minor, F diminished 7th, D major (with F♯ in bass). The D major chords at the beginning and end of the sequence can be thought of as anchor-points of a prolonged D major chord, with the rest of the harmonies filling in the space in-between. For example, see measures 1-3 of the A part of tune #25.

2. Circle-of-fifths successions. This progression is ubiquitous throughout the music of western culture (folk, popular, classical), in numerous variations. The basic form is a five-pulse progression consisting of the harmonies I VI II V I; or, in D major: D, B minor, E minor, A, D. For example, see tune #6, measures 3-5 of the B part. A frequent alternative is to make all the chords (except the I) a seventh: in D major, this would be D major, B minor 7th, E minor 7th, A dominant seventh, D major. For example, see tune #24, measures 14-16 of the B part. A version of this progression in a minor key can be found in tune #29, measures 1-4 of the B part. But the variant which makes this succession sound particularly québécois is the major key version in which all the VI and II chords are chromatically altered into dominant seventh chords. For example, see tune #16, measures 2-4 of the B part (the alternative chords in brackets). Another, slightly longer variant of this progression is one that begins on the IV chord; in D major, G, G♯ diminished 7, D major (A in bass), B7, E7, A7, D. Peter Barnes calls this the Texas Swing Progression. For example, see tune #30, measures 12-16 of the A part.

3. A progression I learned from Yvan Brault. It occupies ten pulses, and occurs when the 4th measure of a tune starts with several measures of a II chord. In D major, the succession is: E minor (for three beats), E augmented (G♯ in bass), A major, G major (B in bass), C diminished 7th, A major (C♯ in bass), F diminished seventh, D major (F♯ in bass). For example, see tune #106, measures 4-8 of the A part, or measures 109-112 of my piano accompaniment transcription of **Carnaval** (in Appendix II).

Harmony and Phrasing

This complex array of choices means that the accompanist takes on a far more active role in shaping the sound of the music than in folk styles that limit the harmonies to simple major and minor chords. The latter takes the approach that the notes of the tune dictate the chords; for example an arpeggiated D major chord in the melody would demand the use of a D major chord in the accompaniment. Chromatic québécois style, however, takes into account where the phrase is going and allows the chords to shape the direction towards that goal. Consequently, while some of the chords (often those in

direction. Ainsi, bien que certains accords (souvent sur la 2e temps fort de la mesure) peuvent techniquement être considérés comme étant en contradiction avec la mélodie, ils ne sont cependant pas perçus comme tels : l'auditeur ne note pas la dissonance entre la mélodie et l'harmonie, car son attention est attirée vers la fin de la phrase. Exemple : mesures 109-112 de l'accompagnement piano de **Carnaval**, Appendice II. Sur trois temps fort différentes, vous percevez une contradiction entre la mélodie et la note dans la basse (do et si, do et do♯, fa et fa♯). Remarquez que vous n'observeriez pas une dissonance aussi forte si la mélodie et les accords étaient interprétés sur des instruments de timbres différents. Si vous jouez ces pièces au piano en solo, accords main gauche, mélodie main droite, rappelez-vous que ce qui vous semble contradictoire maintenant aura une tout autre sonorité quand l'instrument mélodique sera un violon ou un accordéon.

La coopération de l'harmonie et du rythme pour attirer l'attention de l'auditeur vers la fin d'une phrase est appelée rythme harmonique. Ce merveilleux concept illustre la richesse du rôle de l'accompagnateur. Si nos services étaient simplement limités à fournir un rythme, nous serions des tapeurs de pieds ou des joueurs de cuillères et d'osselets, au lieu d'être pianistes et guitaristes. Certains musiciens traditionnels considèrent qu'aller au-delà des accords I, IV et V est trop élaboré. En fait, les harmonies peuvent apporter une forme rythmique au niveau de la phrase à laquelle le terme de rythme harmonique est parfaitement approprié.

Dans un sens, l'accentuation de la direction de la mélodie est une adaptation naturelle à la nature capricieuse et surprenante des pièces québécoises (voir ci-dessus irrégularités métriques). Dans le passé, les violoneux jouaient leurs musique de danse sans accompagnement. Ils improvisaient leurs versions personnelles des pièces sans entraves, à savoir : sans phrases conventionnelles à 4 ou 8 mesures et sans mesures simples alternées fortes et faibles. Imitant leurs aînés dans la composition de leurs pièces, les musiciens des générations suivantes stylisèrent cette technique. Ces pièces sont un véritable défi pour l'auditeur qui ne peut pas saisir la phrase de la pièce à la deuxième ou même à la troisième écoute. Le rôle de l'accompagnateur est alors de structurer la compréhension de l'auditeur et par la même occasion d'assister le musicien responsable de la mélodie.

Disposition des voix

Les harmonies ne sont pas une garantie d'un accompagnement de bonne sonorité. Les voix doivent aussi être bien disposées par le pianiste. La disposition des voix correspond aux espaces entre les notes des accords et le mouvement des notes d'un accord à l'autre. Bien qu'une bonne disposition des voix s'acquière au fil d'années de pratique et de raffinement technique, un apprentissage peut être aussi obtenu en observant les joueurs de jazz ou en étudiant les règles de mouvement des voix dans les chorals de J. S. Bach enseignées dans les livres de conservatoire de solfège. Un bon commencement serait peut-être d'étudier la disposition des voix dans les trois transcriptions d'accompagnement au piano présentées dans ce livre. Quelques principes peuvent néanmoins être énoncés :

Au lieu de sauter, avec votre main droite, d'une position fondamentale à une autre, trouvez le renversement d'accord le plus proche.

Quand il y a de nombreuses harmonies à 4 parties (en 7e dominante et diminuée), omettez avec discernement des notes de l'accord (généralement la quinte ou une autre note déjà dans la basse) pour

the second half of the measure) can technically be considered to "clash" with the notes of the melody, they aren't heard as clashes. As a listener you actually dislocate the dissonances between the melody and the harmony because your ear is directed towards the end of the phrase. As an example of some of these clashes, see measures 109-112 of my piano accompaniment transcription of **Carnaval** (Appendix II): on three different downbeats we see clashes between the melody and bass note (C and B, C and C♯, and F and F♯). Note also that you do not perceive dissonances as strongly if played by two instruments of different timbre as you would if chords and melody were played on the same instrument. If you are reading these tunes on solo piano (chords in left hand, melody in right), beware that what seem like inappropriate clashes to you will not sound that way when the melody instrument is a fiddle or accordion.

The cooperation of harmony and rhythm to direct attention to a goal at the end of a phrase is called harmonic rhythm. It's a wonderful concept that illustrates the richness of our role as accompanists. If we were needed for no other purpose than "providing rhythm" then we would be foot-tappers or players of spoons and bones instead of pianists and guitarists. Some traditional musicians think anything beyond I, IV and V chords is "too fancy", but in fact, harmonies can provide a sense of rhythmic design at the phrase level, for which the term harmonic rhythm is perfectly apt.

In a way, the emphasis on harmonic direction is a natural adaptation to the often quirky, surprising nature of québécois tunes (see Metric Irregularities, above). Fiddlers in the past, who played dance music without accompaniment, improvised their own personal versions of tunes unfettered by conventional 4- and 8-bar phrasing, and simple strong-weak alternation of measures. This became stylized into a compositional intent as younger musicians wrote new tunes imitating the sound of their elders. Such tunes are a challenge to the listener, who might not understand the phrasing of the tune even on the second or third hearing. This is where the accompanist plays a role in shaping the experience of the listener, and incidentally, helping the melody-player as well.

Voicings

Harmonies do not by themselves ensure a good-sounding accompaniment; they must also be well-voiced by the pianist. Voicings are the spacings of the notes of the chords and the movement of the notes from one chord to another. While good voicing is a skill acquired through years of practice and technical refinement, it can be learned: either through observing jazz players, or learning the rules of voice leading in the chorales of J.S. Bach, as taught in collegiate music theory textbooks. Perhaps the best first step would be to study the voicings of the three piano accompaniment transcriptions that are included in this book. Beyond that, a few basic principles can be suggested:

Instead of jumping your right hand from one root position spacing to another, find the nearest inversion of the chord.

When there are many 4-part harmonies (dominant- and diminished-7ths), judiciously leave out tones of the chord (usually the fifth, or whatever tone is already in the bass) to allow the

laisser le maximum de liberté pour une disposition des voix mélodiques.

À chaque utilisation d'un accord de 7e de dominante, faites attention à la résolution de la tierce et de la 7e dans l'accord suivant. En général, la tierce se résout en montant à la tonique et la 7e descend à la tierce (de l'accord suivant).

Il est aussi important de choisir des régistres et des dispositions des voix qui ne sont pas similaires à la mélodie. Je joue généralement les accords de la main droite dans la région située autour du sol en dessous du do central, ce qui est normalement plus bas que le registre du violon ou de l'accordéon.

La voix de ténor

Dans le même régistre, le contre-chant à l'intérieur des voix représente une caractéristique importante du style québécois d'accompagnement au piano. Cette voix résulte des harmonies jouées par la main droite, plus précisément du pouce sur le temps fort, alors que les autres doigts jouent les autres accords sur les contretemps. Exemple : mesure 105-116 de la transcription d'accompagnement de **Carnaval**, Appendice II. Parfois, la voix mélodique est une voix soprano plutôt que ténor (mesure 25-28 de la même transcription). Yvan Brault est un musicien au « pouce d'or ». Exemple : mesures 9-12, partie B, **Galope à Denis** d'Yvan (Appendice II). Ceci implique une certaine créativité puisque vous improvisez une mélodie crée par les différentes possibilités harmoniques. Nous avons cependant ici un dilemme : la voix à l'intérieur vient-elle vraiment des accords , ou est-ce que les accords ont été construits pour accommoder l'existence de ce contre-chant? La raison d'être de la succession inhabituelle d'accords d'Yvan Brault (vois ci-dessus Marches Chromatiques, no. 3) est de créer cette voix montante chromatique à l'intérieur. Encore une fois, nous rencontrons des harmonies contrôlées par des finalités et des dissonances qui sont ignorées par l'auditeur, car elles répondent à un autre effet musical.

La règle de base suivante est utile pour parvenir à construire un beau contre-chant à l'intérieur des voix : quand vous rencontrez un accord chromatique, mettez la note non-diatonique (qui ne fait pas partie de la gamme) dans la voix de ténor. Par exemple, dans l'accord de si 7e (employé comme harmonie chromatique dans la tonalité de ré) la note non-diatonique, ré #, irait à la voix intérieure. Cet accord sera certainement suivi d'un mi 7e, permettant à la voix de ténor de descendre naturellement au ré bécarre. Il y a une autre raison qui justifie la position des notes chromatiques dans la voix de ténor : dans ce registre (autour de sol au dessous de do central comme mentionné ci-dessus), vous serez bien loin de rencontrer des notes dissonantes avec la mélodie. Ainsi , le ré# au-dessous du do central dissonera rarement avec un ré bécarre, une octave au dessus du do central (si le violon joue au même moment). La dissonance apportera seulement un petit grain de sel caractéristique aux pièces québécoises.

La substitution de triton

La technique la plus nettement apparentée au jazz est celle de la substitution de triton. Elle consiste à remplacer un accord de 7e dominante par un accord de 7e dominante construit sur la quinte diminuée ou triton (six demi-tons au-dessus ou en-dessous). Par exemple, au milieu du cycle de quintes, dans la suite d'accords ré (basse : fa#), si 7e, mi 7e, la 7e, ré, on substitue un fa 7e pour le si7 créant ainsi un son du jazz particulièrement sombre. Exemple : mesures 6-7 de la partie C, pièce 76. Pour aller plus loin, le la 7e peut

---

maximum freedom for smooth voice-leading.

Whenever you use a dominant seventh chord, take care where you go with the 3rd and 7th of the chord in the following harmony. In general, the 3rd should resolve up a step to the root of the next chord, and the 7th should resolve down a step to the 3rd of the next chord.

It is also important to choose octaves and voicings for chords that avoid falling in the same register as the melody. I keep the chords in the right hand centered around the area of the G below middle C, generally below the notes of the fiddle and accordion.

Inner Tenor Voice

A particular hallmark of québécois piano style, a moving inner voice, takes place in this register as well. This is a voice that emerges from the harmonies played in the right hand, typically by the thumb on the downbeats, while the remaining fingers play the other chord tones on the upbeats. For example, see measures 105-116 of my piano accompaniment transcription of **Carnaval** (see Appendix II). Sometimes the moving voice is a "soprano" rather than a tenor; see measures 25-28 of the same transcription. Yvan Brault is a player who has a particularly "golden" thumb. See, for example, measures 9-12 of the B part of Yvan's **La Galope à Denis** (in Appendix II). This involves some creativity: you are essentially improvising a little melody created by the possibilities of the chords. Actually, there is a chicken-or-the-egg puzzle here: does the inner voice really arise from the chords, or were the chords constructed to accommodate the existence of an attractive sounding inner voice? The whole *raison d'être* for Yvan Brault's unusual succession of chords (see Chromatic Sequence #3, above) is to create that rising chromatic inner voice. Once again we see harmonies dictated by goals, and dissonances that are ignored by the listener because they are in the service of another musical effect.

The following simple rule is useful in constructing an attractive-sounding inner voice: when there is a chromatic chord, put the "foreign" tone in this tenor voice. For example a B dominant seventh chord (used as a chromatic harmony in the key of D major): the "foreign" note D# would go in the inner voice. That chord will likely be followed by E dominant seventh, and so the tenor voice will naturally move down to D natural. Plus, there is another reason to keep the chromatic notes in the tenor voice: in that register (around G below middle C, as mentioned above) you will be far away from any possible clashing notes in the melody. For example, the D# below middle C will hardly clash at all with a D natural an octave above middle C (if the fiddle happens to be playing it at that moment). The clash will create only a little bit of "spice" which is characteristic of québécois tunes.

Tritone Substitution

One of the techniques most clearly borrowed from jazz is the "tritone substitution" effect. This consists of replacing any dominant seventh chord with a dominant seventh chord a tritone (six semitones) away. For example, in the circle-of-fifths succession D major (F# bass), B7, E7, A7, D, replacing the B7 with an F7 creates a particularly "dark" jazzy sound. For example, see measures 6-7 of the C section of tune #76. Going further, one can replace the A7 with Eb7 as well, producing a run of descending

être aussi remplacé par mi♭ 7e pour produire des accords descendants chromatiques en septièmes dominantes. Exemple : mesures 5-7 de la partie B, pièce 78. Luc Lavallée fait un usage efficace et parcimonieux de cette progression qui nous conduit au point suivant.

Avis

De nombreux « trucs » harmoniques n'ont un effet positif que s'ils sont utilisés avec modération : disons seulement une ou deux fois au cours de quatre répétitions d'une pièce. Au-delà, cela semblerait banal et dévierait l'attention de la pièce elle-même. Savoir ce qui convient et ne convient pas ou quelle quantité de décoration harmonique mettra en évidence le message musical sans le saboter demande du bon goût. Un seul apprentissage pour cela : écoutez et assistez à autant d'enregistrements et concerts en public que possible !

chromatic dominant seventh chords. For example, see measures 5-7 of the B part of tune #78. Luc Lavallée uses this kind of progression effectively, although not frequently—which leads to the next point.

Caveat

Many harmonic "tricks" sound good only when used very sparingly; say, over the course of four repetitions of a tune, just one or two times. Do it too many times, and it will sound hackneyed and take attention away from the tune itself. It takes good taste to know what fits and what doesn't, and what amount of harmonic decoration supports the musical message of the tune rather than detracting from it. There is only one way to acquire this: by listening to as many recordings and live performances as you can!

La Bottine souriante, 1988: Michel Bordeleau, Régent Archambault, Denis Fréchette, Martin Racine, Yves Lambert

Liste des symboles

On peut écouter cet air sur le disque qui accompagne ce livre (avec numéro de piste).

Voir la Discographie (Appendice IV) pour d'autres enregistrements de cette pièce ou de cet artiste

Key to symbols

This tune can be heard on the CD wich accompanies this book (with track number).

For other recordings of this tune or this player, see Discography (Appendix IV).

Tenir la note plus longtemps.

Hold the note for longer than its duration.

Trille

Trill

Note optionnelle ou note fantôme (à jouer très doucement)

Optional, or ghosted note (play very softly)

Glissez en montant à la note principale.

Slide up to the note.

Pincez la corde ouverte du violon avec la main gauche.

Pluck open string with left hand.

Consultez la variation au bas de la page.

*

Look for variation at the bottom of the page.

Une autre variation

**

Another variation

Une 3e variation

*(3)

A third variation

Marques de métronome, 116 temps par minute

♩ = **116**

Metronome marking, 116 beats per minute

Répétez la musique entre ces deux symboles.

Repeat the music between these two symbols.

Jouez quatre fois au lieu de deux.

4x

Play four times rather than two.

Fin à utiliser la première fois (la seconde fois, omettez cette fin et jouez directement la deuxième fin)

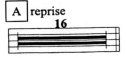

Ending used the first time through (second time through skip this and play the second ending instead)

Jouez ici les 16 mesures de la partie A.

Play the 16 measures of the A part here.

Retournez au début.

D.C.

Go back to the beginning.

Lors de la dernière répétition, omettez la partie commençant ici jusqu'au coda en bas de la page.

⊕

Last time through, skip from here to the coda at the bottom of the page.

SECTION I : Airs traditionnels/Traditional Tunes

André Alain 39
    1 Le p'tit bûcheux (tr. the little lumberjack) 39
⊙CD 2 Fisher's Hornpipe 40
    3 Jack Delad 41
    4 Reel en ré (in D) 41
    5 Reel des esquimaux (version 1) (tr. Eskimos' reel) . 42
    6 Reel des esquimaux (version 2) 42
    7 Step à Ti-Phonse 43
    8 Le voyageur (tr. the traveler) 43
    9 Marie, sauce ton pain (tr. Marie, dip your bread) 44
    10 Le rêve de Quêteux Tremblay
      (tr. the Beggar Tremblay's dream) 44
Joseph Allard 45
⊙CD 11 Gigue des capuchons (tr. hood dance) 45
    12 Gigue du forgeron (tr. blacksmith's dance) 45
    13 Reel des chantiers (tr. logging-camps reel) 46
Louis Beaudoin 47
    14 La guenille (tr. the rag) 47
    15 Reel à pépé (tr. Grandpa's reel) 47
    16 Galope or Chamberlain's 48
Lévis Beaulieu 49
    17 Reel en la (in A) 49
Napthalie Billette 50
    18 Reel en sol no. 1 (in G) 50
    19 Reel en sol no. 2 (in G) 50
Louis Blanchette 51
    20 Reel Como 51
La Bottine souriante 52
⊙CD 21 La grande gigue simple (tr. the great simple) 53
Guy Bouchard 53
    22 Cotillon des Baies-des-Rochers 53
Jos Bouchard 54
    23 Carnaval 54
    24 Galope 56
⊙CD 25 Galope de la Malbaie/Mackilmoyle's Reel, vers 1 . 57
⊙CD 26 Galope de la Malbaie/Mackilmoyle's Reel, vers 2 . 57
    27 Quadrille Bouchard, 2e partie (tr. 2nd part) 58
    28 Quadrille Bouchard, 3e partie (tr. 3rd part) 58
    29 Reel Béatrice 59
⊙CD 30 Reel de Pointe-au-Pic 60
    31 Saint-Antoine 61
    32 Saut du lapin no. 1 (tr. rabbit's jump) 62
    33 Partie du lancier (tr. part of Lancers) 62
Louis «Pitou» Boudreault 64
    34 Reel à Célina 65
    35 Le batteux (tr. the threshing mill) 66
    36 La belle Catherine 67
Philippe Bruneau 68
    37 Fitzmaurice Polka 68
⊙CD 38 6/8 en ré (in D) 70
Jean «Ti-Jean» Carignan 71
⊙CD 39 Reel du pendu (tr. hanged man's reel) 72
    40 La ronfleuse Gobeil (tr. the snoring Mrs. Gobeil) ... 74
La Famille Corrigan / The Corrigan Family 75
⊙CD 41 6/8 en sol (in G) 76
    42 Elmer's Tune 76
    43 Sheepskin and Beeswax 77
⊙CD 44 Valcartier Set, First Part 78
Gustave et/and Benoît Denis 79
    45 Le foin (tr. the hay) 79
Théodore Duguay 80
⊙CD 46 Reel Saint-Jean 80
Georges Ferland 81
⊙CD 47 Danse du barbier or Danse du sauvage
      (tr. barber's dance or Indian dance) 81

Firmin Francoeur 82
    48 Reel des vieux (tr. reel of the old ones) 82
Aimé Gagnon 83
    49 Reel à Raymond 83
    50 Reel de la bourgeoise (tr. townswoman's reel) 84
William Gagnon 85
    51 Le brandy 85
    52 La cardeuse (tr. the wool-carding woman) 87
Joseph Guilmette 88
⊙CD 53 Valse-clog Guilmette 88
Gabriel Labbé 89
    54 Valse de mon père (tr. my father's waltz) 89
Henri Lacroix 90
⊙CD 55 Valse-clog Lacroix 90
Henri Landry 91
    56 Reel du gaucher (tr. left-hander's reel) 91
Gilles Laprise 92
    57 Reel en ré (in D) 92
Robert Lasanté 92
    58 Gigue 92
Normand Legault 93
⊙CD 59 Première partie du lancier (tr. first part of Lancers) ... 93
Fortunat Malouin 94
⊙CD 60 La ronde des voyageurs (tr. travelers' round dance) .. 94
Lucien Mirandette 95
    61 La bonne-femme Noël (tr. Noël's wife) 95
⊙CD 62 Saut du lapin no. 2 (tr. rabbit's jump) 95
Alfred Montmarquette 96
    63 Clog de Pariseau 96
    64 Marche des raquetteurs, version 1
      (tr. snowshoers' march) 97
    65 Marche des raquetteurs, version 2 97
Lisa Ornstein 99
    66 Reel du Faubourg 100
Vincent Ouellet 101
    67 La grondeuse (tr. the grumbling woman) 101
Edmond Pariso 102
    68 Hommage à Edmond Pariso 102
Denis Pépin 104
    69 MacDonald's 104
Marc Perreault 105
    70 Reel en la (in A) 105
Jean-Louis Picard 106
    71 Les petites visites (tr. the little visits) 106
Arthur Pigeon 107
⊙CD 72 Eugène 107
Harry Poitras 108
⊙CD 73 Cotillon de Baie-Ste-Catherine 108
Hermas Réhel 109
⊙CD 74 La marmotteuse (tr. the muttering woman) 109
Isidore Soucy 110
    75 L'acadienne (tr. the Acadian woman) 110
    76 Reel de Ste-Blandine 111
⊙CD 77 Reel des poilus (tr. hairy people's reel) 112
Joseph-Marie Tremblay 113
⊙CD 78 Air du Saguenay 113
La Famille Verret / The Verret Family 114
⊙CD 79 Clog à Ti-Jules 115
    80 Reel Saint-Joseph 115
    81 La promenade, 2e partie du lancier
      (tr. second part of Lancers) 116
    82 Reel à Bacon 117
    83 Reel en ré (in D) 118
    84 Rencontre des dames (tr. meeting of the ladies) ... 119

André Alain

André Alain (1931-2000) etait un violoneux originaire de Saint-Basile-de-Portneuf situé à l'ouest de Québec. Il commença à jouer à l'âge de cinq ans, influencé par son oncle Armand Chastenay, et le violoneux itinérant William « Quêteux » Tremblay de la même région. Des rythmes entraînants, une grande créativité mélodique et des longueurs de phrases irrégulières sont les traits caractéristiques du style musical d'Alain qui a, d'ailleurs, largement influencé de nombreux jeunes interprètes. Dans les années 80, il donna des représentations aux États-Unis où il participa aux festivals *Fiddle Tunes* de Port Townsend dans l'Orégon et *Champlain Valley Festival* dans le Vermont.

André Alain (1931-2000) was a fiddler from St-Basile-de-Portneuf, just west of Québec City. He started playing at the age of 5, influenced by his uncle Armand Chastenay and the itinerant fiddler William «Quêteux» Tremblay of the same region. Driving rhythms, melodic inventiveness and irregular phrase lengths are hallmarks of Alain's style, which has had a wide influence on younger players. His festival appearances in the 1980s included FiddleTunes in Port Townsend, Oregon and Champlain Valley in Vermont, USA.

1 Le p'tit bûcheux (tr. the little lumberjack)

Tiré de l'enregistrement *Violoneux de Saint-Basile-de-Portneuf* d'André Alain. Il s'agit d'une version québécoise de l'air écossais **Lord McDonald's Reel** attribué à Sir Alexander MacDonald et dont la première partition apparaît aux environs de 1780. Aux États-Unis, ce morceau est aussi connu sous le titre de **Leather Britches**.

From the recording, *André Alain: Violoneux de St-Basile-de-Portneuf.* This is a québécois version of the Scottish tune, **Lord MacDonald's Reel** (attributed to Sir Alexander MacDonald) which appeared in print in the 1780s. In the U.S. it has become **Leather Britches.**

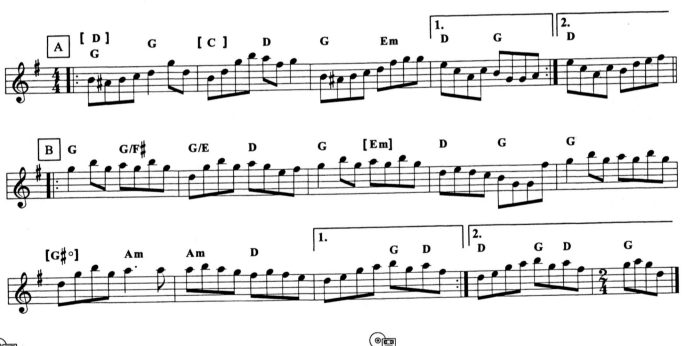

Chic & swell de La Bottine souriante. La famille Soucy enregistra une version sur 78 tours similaire à celle d'Alain. **Lord McDonald's** et **Leather Britches** sont tous deux inclus dans le *Fiddler's Fakebook* de Brody.

La Bottine souriante: *Chic & swell.* La Famille Soucy recorded a version on 78-rpm that is similar to Alain's. Both **Lord McDonald's** and **Leather Britches** are in Brody's *Fiddler's Fakebook.*

2 Fisher's Hornpipe

Cette pièce est un air de violon celte très répandu en Amérique du Nord et fut composée par Johann Fischer ou James Fishar. Une des premières partitions apparaît dès 1780. Cette version atypique provient de l'enregistrement d'André Alain. Celui-ci ajoute une mesure supplémentaire à la partie A sauf quand il joue la variation (la variation à deux mesures remplace les trois mesures de sa partie A).

This is a classic Celtic and North American fiddle tune, perhaps by Johann Fischer, perhaps by James Fishar. It appeared in print as early as 1780. This unusual version comes from André Alain's recording. Alain's A part has an extra bar, except when he plays the variation. (The two bar variation replaces three bars of his regular A part.)

* variation

Manigance: *Album souvenir, vol. 1*; Louis Boudreault: *Portrait du vieux Kébec, vol. 12*; La Bottine souriante: *Tout comme au jour de l'an* (version à 32 mesures/32-bar version).

3 Jack Delad

Tiré de l'enregistrement d'André Alain. Cet air est apparenté à l'air irlandais **Four Hand Reel**. Le titre **Jack's the Lad** fait généralement référence à un tout autre air connu sous le nom de **Sailor's Hornpipe** ou de **College Hornpipe**.

Conseils de style : Accord du violon la-mi-la-mi.

From André Alain's recording. This tune is related to the Irish tune, **Four Hand Reel**. The title **Jack's the Lad** is commonly used for the unrelated tune known as **Sailor's Hornpipe** or **College Hornpipe.**

Style tip: Fiddle tuning A-E-A-E.

4 Reel en ré (in D)

De l'enregistrement d'André Alain qui tient probablement cette pièce d'Armand Chastenay.

From André Alain's recording. He probably got this tune from Armand Chastenay.

5 Reel des esquimaux (version 1) (tr. Eskimos' reel)

Nous vous présentons ici deux versions de cette pièce. Cette première version irrégulière provient de l'enregistrement d'André Alain.

We present two versions of this tune. This irregular version is from André Alain's recording.

Conseils de style : Faites usage de nombreux bourdons en ré et sol.

Style tip: On fiddle, use a lot of open D and G drones.

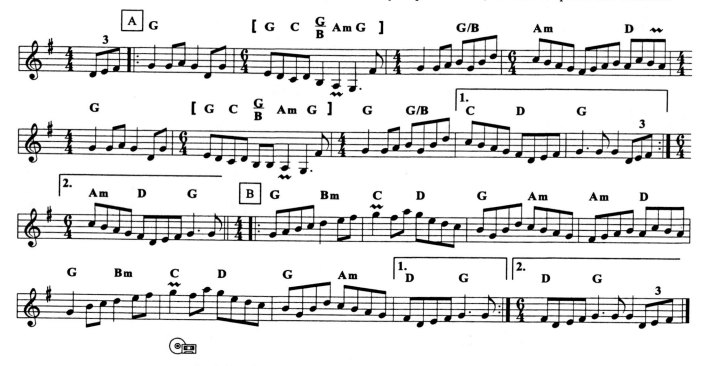

Laurie Hart: *Gravity Hill*, Les frères Brunet: *Les porteurs de traditions*.

6 Reel des esquimaux (version 2)

Cette version d'une métrique régulière, tirée du répertoire d'Isidore Soucy, a été enregistrée sur *Québec pure laine*.

This metrically regular version, from the repertoire of Isidore Soucy, is from *Québec pure laine* (tr. pure wool, meaning truly québécois).

En 1939, Isidore Soucy enregistra cette version sur 78 tours, reproduite plus tard dans *Chez Isidore...Isidore Soucy* et *Isidore Soucy Héritage Québécois*.

Isidore Soucy recorded it on 78-rpm in 1939, re-released on *Chez Isidore...Isidore Soucy* and *Isidore Soucy Héritage Québécois*.

7 Step à Ti-Phonse

Tiré de l'enregistrement d'André Alain. Ti-Phonse est le diminutif d'Alphonse, un gigueur qui affectionnait tout particulièrement cet air.

From André Alain's recording. Ti-Phonse is a nickname for Alphonse, a step-dancer who liked to dance to this tune.

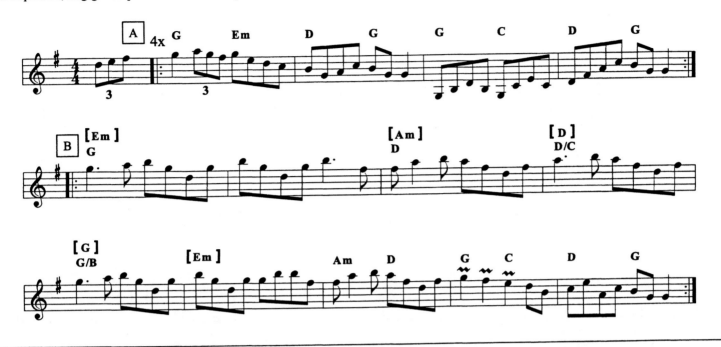

8 Le voyageur (tr. the traveler)

Tiré de l'enregistrement d'André Alain. Apparenté à l'air celte/Nouvelle Angleterre connu sous le titre de **Traveler's Reel** ou **Walker Street**.

Conseils de style : Accord du violon la-mi-la-mi. À agrémenter de quelques bourdons.

From André Alain's recording. Related to the Celtic/New England tune known as **Traveler's Reel** or **Walker Street.**

Style tips: Fiddle tuning A-E-A-E. Use occasional open-string drones.

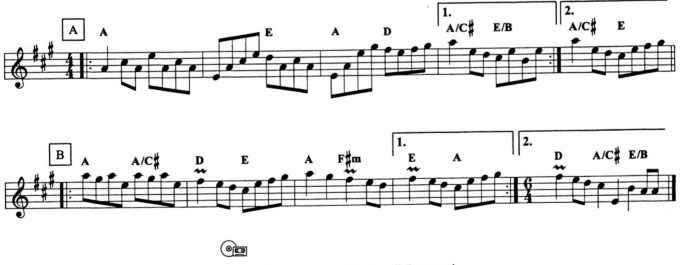

La Bottine souriante: *Chic & swell, En spectacle.*

9 Marie, sauce ton pain (tr. Marie, dip your bread)

Tiré du répertoire d'André Alain. Cette version provient de *Je voudrais changer d'chapeau* de La Bottine souriante.

From the repertoire of André Alain. This version is from La Bottine souriante: *Je voudrais changer d'chapeau*.

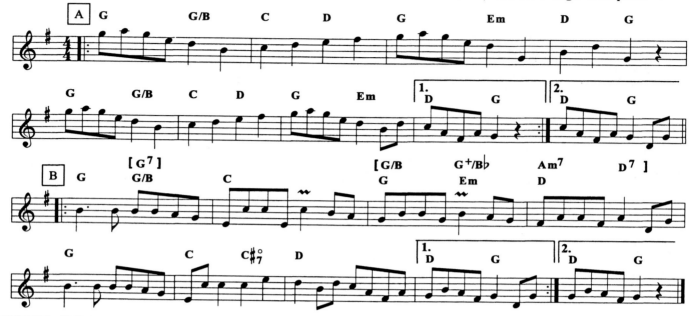

10 Le rêve de Quêteux Tremblay (tr. the Beggar Tremblay's dream)

Tiré du répertoire d'André Alain, intitulé d'après William Tremblay. Cette version est transcrite d'après Lisa Ornstein dans *Je voudrais changer d'chapeau* de La Bottine souriante. L. Ornstein a également fait l'arrangement du magnifique quatuor à cordes qui apparaît dans cet album. Cette pièce provient de l'air écossais **Archie Menzie's Reel** de Joseph Lowe (1797-1866), qu'on retrouve entre autres dans la collection Perlman des pièces de l'Île-du-Prince-Édouard. W. Tremblay avait une personnalité colorée : violoneux itinérant, il parcourait le Québec de la Gaspésie à Lanaudière et jouait en échange d'un repas et du gîte.

From the repertoire of André Alain, named for William Tremblay. The version transcribed here is played by fiddler Lisa Ornstein on La Bottine souriante: *Je voudrais changer d'chapeau*. Ornstein also arranged the beautiful string quartet version, which appears on the album. This tune is a version of the Scottish tune **Archie Menzie's Reel,** by Joseph Lowe (1797-1866) (in Perlman's collection of Prince Edward Island tunes). Tremblay was a colorful figure who lived the life of an itinerant fiddler, traveling across Québec from the Gaspésie to Lanaudière, playing music in exchange for a place to eat and sleep.

Conseil de style : on peut jouer cette pièce de façon lyrique et un peu lente.

Style tip: Try this tune lyrically and a bit on the slow side.

La version enregistrée d'Alain est assez différente avec ses mi bémolisés en bas registre et sa demi-mesure supplémentaire du début de la partie B. Aussi, *En spectacle* de La Bottine souriante.

The version on Alain's recording is actually quite a bit different, with the E notes in the low register flattened to E♭, and an extra half-measure at the start of the B part. Also on La Bottine souriante: *En spectacle*.

Joseph Allard

Joseph Allard (1873-1947) possédait un large répertoire et un style raffiné qui le rendit célèbre dans tout le Canada comme « Prince des violoneux ». Il fut également le professeur de Jean Carignan. Né à Woodland, près de Montréal, il fut influencé par le jeu de son père. Son répertoire inclut de nombreux airs irlandais. Il remporta quatre concours de violon dans différents états de la Nouvelle-Angleterre où il habita pendant 28 ans avant de retourner à Montréal aux alentours de 1917. Bien qu'il ait vécu pauvrement durant la plupart de son existence, il enregistra presque une centaine de disques 78 tours entre 1928 et 1946. Il travaillait par ailleurs dans la pêche commerciale .

Joseph Allard (1873-1947) had a vast repertoire and a refined style that earned him fame throughout Canada as the "Prince of Fiddlers". He was also the teacher of Jean Carignan. Born in Woodland, near Montréal, he was influenced by the fiddle playing of his father, and his repertoire included many Irish tunes. He won fiddle contests in four New England states in the U.S., where he lived for 28 years before returning to Montréal around 1917. He recorded nearly one hundred 78-rpm records between 1928 and 1946, although he lived much of his life in poverty. In addition to fiddling, he worked as a commercial fisherman.

11 Gigue des capuchons (tr. hood dance)

Tiré du répertoire de Joseph Allard. Cette version irrégulière est transcrite d'après le violoneux Rémi Laporte de Saint-Liguori, près de Joliette. La variation régulière est celle de J. Allard.

From the repertoire of Joseph Allard. This irregular version is from fiddler Rémi Laporte of Saint-Liguori, near Joliette. The regular variation is Allard's version. A "capouchon" is a hood to cover the head.

* variation

---

12 Gigue du forgeron (tr. blacksmith's dance)

J. Allard renomma de nombreux morceaux traditionnels, d'après les corps de métiers de l'époque, comme il le fait ici pour cette pièce. **La Gigue du forgeron** ainsi que le **Reel des chantiers** ci-dessous mentionnés sont réédités d'après le livre : *Joseph Allard : cinquante airs traditionnels pour violon*, d' Yvon Cuillerier. Les accords sont par contre les nôtres. Les deux morceaux peuvent être écoutés sur les enregistrements qui accompagnent le livre, joués par Cuillerier au violon.

Allard gave his own names to many traditional tunes, often (as in this tune) referring to common trades of the time. This tune and **Reel des chantiers** below are reprinted with permission from a book of Allard's repertoire entitled *Joseph Allard: Cinquante airs traditionnels pour violon*, by Yvon Cuillerier. The chords are our own, however. Both tunes can be heard on the recordings that accompany the book, played by Cuillerier on fiddle.

Gigue du forgeron (tr. blacksmith's dance)

13 Reel des chantiers (tr. logging-camps reel)

Aussi connu sous le titre du **Reel du chauffeur**. Il s'agit de la version de J.Allard de **Ned Kendall's Hornpipe** ou de **Swinging Aroud the World.** (Même source que pour la pièce 12, rééditée par autorisation).

Also known as **Reel du chauffeur.** This is Joseph Allard's version of **Ned Kendall's Hornpipe** or Swinging **Around the World.** Same source as #12 above, reprinted with permission.

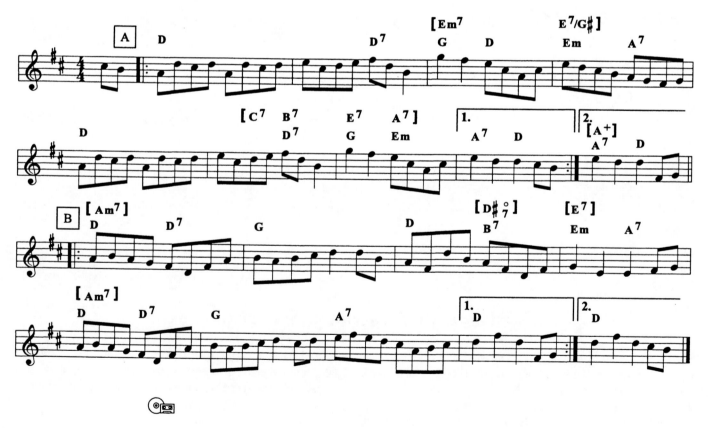

Raynald Ouellet & Daniel Poirier: *Québec pure laine*; Jean-Pierre Joyal: *Danses d'ici.*

Louis Beaudoin

Louis Beaudoin (1921-1980) était un violoneux originaire de Lowell dans le Massachusetts. Il vécut aussi à Burlington dans le Vermont. Il fut influencé par le jeu de son père et ses séjours à Sainte-Émilie-de-l'Énergie, au nord de Joliette, ville natale de ses grands-parents. Il fut, au cours de sa vie, soldat, agent de police, mécanicien ainsi que violoneux de danse. Il accompagnait sa musique de tapements de pieds dans la plus pure tradition québécoise.

Louis Beaudoin (1921-1980) was a fiddler born in Lowell, Massachusetts. He later lived in Burlington, Vermont. He was influenced by his father's fiddle playing, and by spending time in his grandparents' home town, Sainte-Émilie-de-l'Énergie, north of Joliette. At various times in his life he was a soldier, a policeman, and a car mechanic as well as a dance fiddler who tapped his feet in the traditional québécois style while he played.

14 La guenille (tr. the rag)

Ou **Les guenilles**, tiré de l'album de 1973 *Louis Beaudoin*. L.Beaudoin tient cette pièce, fort populaire au Québec, de Denis Mathieu. Des paroles accompagnent cette mélodie. La chanteuse Mary Travers « La Bolduc » contribua à rendre cette mélodie très populaire en y accolant des paroles.

Also **Les guenilles**, version from the 1973 album *Louis Beaudoin*. The title refers to a rag of cloth. Beaudoin learned the tune from Denis Mathieu, and it is a very commonly played tune in Québec. There are lyrics to it as well. The singer Mary Travers "La Bolduc" added lyrics and helped to bring about this tune's popularity.

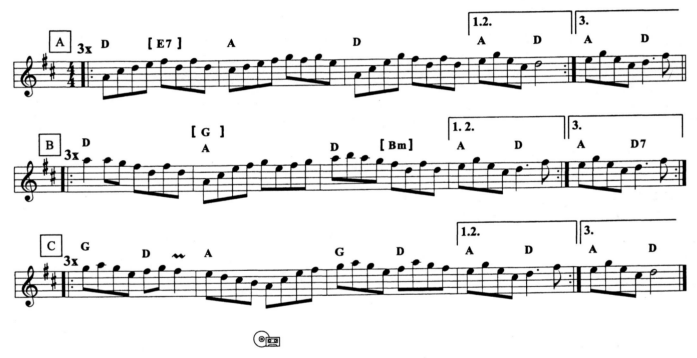

La Bottine souriante: *En spectacle.*

15 Reel à pépé (tr. Grandpa's reel)

Également connu sous le titre du **Reel du grand-père**. Tiré du répertoire de Louis Beaudoin. Cette version est transcrite d'après Lisa Ornstein.

Conseils de style : Utilisez une structure à accents mobiles (voir Introduction). Accentuez par exemple le 2e, 4e, 5e et 7e croches de la première mesure.

Also known as **Reel du grand-père**. From the repertoire of Louis Beaudoin. The version transcribed here is from Lisa Ornstein.

Style tip: Use moveable accent pattern (see Introduction); for example, accent the second, fourth, fifth and seventh eighth-notes of the first measure.

16 Galope ou/or Chamberlain's

Louis Beaudoin enseigna cette version à Lisa Ornstein au début des années 70. Don Messer l'appelait **The Chamberlain**.

Conseils de style : Accord du violon standard, ou la-ré-la-mi. Utilisez une structure d'accents mobiles (voir Introduction).

Lisa Ornstein learned this version from Louis Beaudoin in the early 1970s. The **Chamberlain** was Don Messer's title.

Style tips: Standard fiddle tuning or A-D-A-E. Use moveable accent pattern (see Introduction).

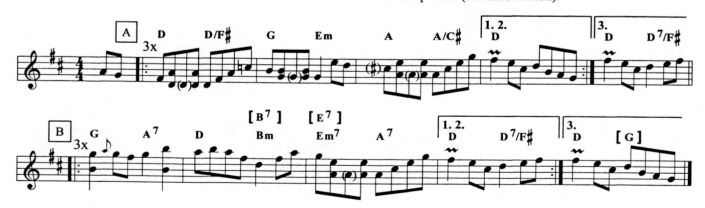

Joseph Allard : Grand Violoneux, Hommage d'Yvon Cuillerier. Le titre de J.Allard était **le Reel de l'hôtelier**. *Chic & swell* de La Bottine souriante. La Bottine souriante tient sa version du violoneux Rémi Laporte, et l'a en conséquence intitulée **Reel à Rémi**.

Yvon Cuillerier: *Joseph Allard, Grand violoneux, Hommage*. Allard's title was **Reel de l'hôtelier**. La Bottine souriante: *Chic & Swell*. La Bottine got their version from fiddler Rémi Laporte and entitled it **Reel à Rémi**.

Lévis Beaulieu

Lévis Beaulieu, accordéoniste de Québec, commença à jouer avec le groupe Les Montagnards laurentiens en 1946. Le programme radiophonique énormément populaire de ce groupe fut retransmis à travers tout le Québec de 1934 et 1951. Le groupe comprenait jusqu'à cinq violons, trois accordéons, un saxophone, une guitare, un piano et un chanteur.

Lévis Beaulieu, an accordionist from Québec City, played with the group Les Montagnards laurentiens (tr. the Laurentian Mountaineers) starting in 1946. This group's immensely popular radio show was broadcast throughout Québec from 1934-1951. Their instrumentation included as many as five fiddles, three accordions, saxophone, guitar, piano and a singer.

17 Reel en la (in A)

Tiré du répertoire de Lévis Beaulieu. Cette version est transcrite d'après Lisa Ornstein et Denis Pépin dans *Les Danseries de Québec...de l'autre bord de l'eau.*

Conseils de style : Jouer les noires et les noires pointées staccato. Cet air est en mode mixolydien.

From the repertoire of Lévis Beaulieu. This version is from Lisa Ornstein and Denis Pépin on the album *Les Danseries de Québec...de l'autre bord de l'eau.*

Style tip: Play quarter and dotted-quarter notes staccato. This tune is in mixolydian mode.

Napthalie Billette

Napthalie Billette : violoneux des environs de Valleyfield. Il enseigna les deux reels suivants à l'harmoniciste Robert Legault qui les enregistra en compagnie de Lisa Ornstein en 1986.	**Napthalie Billette**: a fiddler from the Valleyfield area. He taught these two reels to harmonica-player Robert Legault, who recorded them in 1986 with Lisa Ornstein.

18 Reel en sol no. 1 (in G)

Extrait du répertoire de Naphtalie Billette, cette version est interprétée dans *Les Danseries de Québec...de l'autre bord de l'eau.*

From the repertoire of Napthalie Billette, version from *Les Danseries de Québec...de l'autre bord de l'eau.*

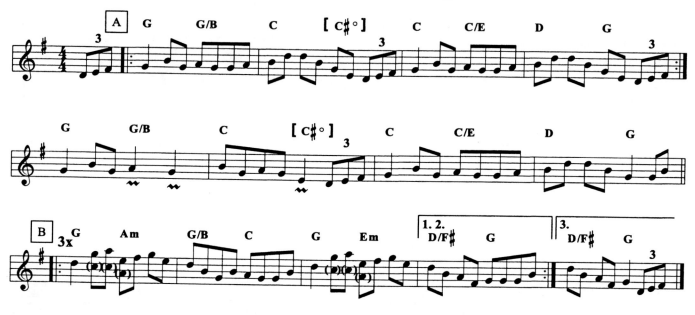

19 Reel en sol no. 2 (in G)

Extrait du répertoire de Naphtalie Billette, cette version est interprétée dans *Les Danseries de Québec...de l'autre bord de l'eau.*

From the repertoire of Napthalie Billette, version from *Les Danseries de Québec...de l'autre bord de l'eau.*

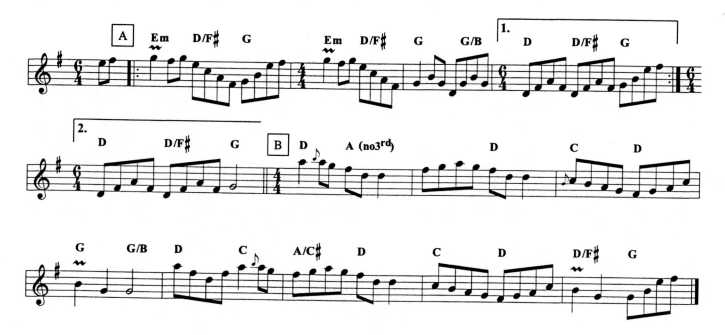

Louis Blanchette

Louis Blanchette (1905-1969) était un harmoniciste de Rivière-du-Loup. Fils d'un fermier et violoneux, il déménagea à Québec en 1930 où il travaillait, à coté des ses activités musicales, au port comme débardeur. Il enregistra plusieurs 78 et 45 tours entre 1931 et 1950.

Louis Blanchette (1905-1969) was a harmonica player from Rivière-du-Loup. Son of a farmer and fiddler, he moved to Montréal in 1930 where, in addition to playing music, he worked at the port as a stevedore for many years. He recorded many 78- and 45-rpm records between 1931 and 1950.

20 Reel Como

Tiré du répertoire de Louis Blanchette. Cette version est transcrite d'après Robert Legault dans *Les Danseries de Québec...de l'autre bord de l'eau.*

From the repertoire of Louis Blanchette. This version is from Robert Legault: *Les Danseries de Québec...de l'autre bord de l'eau.*

L'enregistrement de L. Blanchette de 1938 fut réédité dans l'album *Louis Blanchette : Héritage québécois.*

Blanchette's 1938 recording was re-released on the album *Louis Blanchette: Héritage québécois.*

La Bottine souriante

La Bottine souriante, euphémisme poétique d'une botte usée, est de loin le groupe traditionnel québécois ayant le plus de succès. Fondé en 1976, la plupart des membres du groupe sont originaires de la région de Lanaudière, aux environs de Joliette. Le groupe s'est produit en tournée au Canada, aux États-Unis et en Europe et a agit comme ambassadeur culturel promouvant la musique folklorique québécoise (chansons à répondre et airs de danse) au Canada et à l'étranger. Ce groupe a produit un nouvel album à peu près tous les deux ans depuis ses débuts et a reçu le prix Juno pour l'album *Jusqu'aux p'tites heures.*

Membre fondateur originaire de Sainte-Mélanie, Yves Lambert joue de l'accordéon, de l'harmonica, et est également le chanteur principal et maître de cérémonie du groupe. Parmi les autres membres, on trouve, au fil des ans, les violoneux Pierre Laporte, Martin Racine et Michel Bordeleau, les guitaristes Guy Bouchard et André Marchand et le joueur de flageolet Daniel Roy. Ceux-ci sont à l'origine des pièces répertoriées dans ce livre et environ un tiers des pièces du livre apparaît dans les albums de La Bottine souriante. Leurs premiers enregistrements constituent des classiques pour apprendre pièces et chansons. Dans *J'voudrais changer d'chapeau,* un quatuor de cuivres et un accompagnement de piano jazz viennent enrichir le groupe de sonorités nouvelles. Chaque album apporte de nouvelles idées ainsi que des arrangements plus contemporains et élaborés tout en conservant la joie, l'énergie ainsi que le répertoire traditionnel avec lequel ils débutèrent dans les années 70.

La Bottine souriante (tr. the smiling boot, which refers to the open toe of a boot when the stitches are worn out) is by far Québec's most successful traditional group. Founded in 1976, most of the group's members have been from the Lanaudière region, around Joliette. The group has toured throughout Canada, the U.S. and Europe, and has acted as cultural ambassadors to make Québec's folk music (call-and-response songs and dance tunes) known at home and abroad. They have produced a new album about every two years over their history, and received the Juno award for their album *Jusqu'aux p'tites heures.*

Founding member Yves Lambert of Sainte-Mélanie plays accordion, harmonica, and is the group's lead singer and master of ceremonies. Other members over the years have included (among others) fiddlers Pierre Laporte, Martin Racine et Michel Bordeleau, guitarists Guy Bouchard and André Marchand, and flageolet-player Daniel Roy. All of those listed above are featured in this book as sources of tunes, and about a third of the tunes in this book appear on La Bottine souriante's recordings. The earlier recordings especially are classics for learning tunes and songs. Beginning with *Je voudrais changer d'chapeau* (tr. I would like to change hats), the instrumentation expands to include a brass quartet and jazz piano. Each new release has brought new ideas and more contemporary and fancier arrangements, but the same fun, energy and basically traditional repertoire with which they began in the 1970s.

La Bottine souriante, 1978: Gilles Cantin, André Marchand, Pierre Laporte, Mario Forest, Yves Lambert

21 La grande gigue simple (tr. the great simple step-dance)

Tiré de *Chic & swell* de la Bottine Souriante. « Un air qui est joué partout au Québec plus ou moins vite selon les goûts du violoneux qui l'interprète ou du gigueux qui le danse ». (Pochette de l'album *Chic & swell*.) La version de l'Ouest du Canada est connue sous le nom de **Red River Jig**.

Conseils de style : Accord du violon la-ré-la-mi, ou la-ré-la-ré.

From La Bottine souriante: *Chic & swell*. "Probably the most popular traditional solo step-dance tune in Québec...played at a variety of tempos according to the taste of the fiddler or step-dancer" [from *Chic & swell* liner notes]. The Western Canadian version is known as the **Red River Jig**.

Style tip: Fiddle tuning A-D-A-E or A-D-A-D.

Une autre de nos versions favorites est celle de *Raynald Ouellet et Marcel Messervier, Jr., vol. 1*. R. Ouellet joue deux fois les mesures 8 et 9 de la partie A, et joue la partie B trois fois au lieu de quatre. Isidore Soucy enregistra cet air sur 78 tours cinq fois entre 1927 et 1952. Également dans *La Famille Beaudoin* de Louis Beaudoin ; *Old Time Fiddler of Chicoutimi, Québec* de Louis Bourdeault *; Jean Carignan, ses premiers enregistrements* (de1958, reproduit en 1980) ; *Y a ben du changement* de La Bottine souriante ; *Les beaux yeux bleus* de Dent-de-lion ; *Les porteurs de tradition* des Frères Brunet.

Our other favorite version is from *Raynald Ouellet & Marcel Messervier, Jr., vol. 1*. Ouellet plays measures 8 and 9 of the A part twice each, and plays the B part three times instead of four. Isidore Soucy recorded this tune five times between 1927 and 1952 on 78-rpm. Also on Louis Beaudoin: *La Famille Beaudoin*; Louis Boudreault: *Old Time Fiddler of Chicoutimi, Québec*; Jean Carignan, *ses premiers enregistrements* (originally 1958, re-released 1980); La Bottine souriante: *Y a ben du changement*; Dent-de-lion: *Les beaux yeux bleus*; Les Frères Brunet: *Les porteurs de tradition*.

Guy Bouchard

Guy Bouchard est un violoneux de la Baie-des-Rochers de la région de Charlevoix (sans rapport avec le Guy Bouchard mentionné ailleurs dans ce livre).

Guy Bouchard is a fiddler from Baie-des-Rochers in the Charlevoix region (no relation to the Guy Bouchard mentioned elsewhere in this book).

22 Cotillon des Baies-des-Rochers

Également connu sous le titre de **Déshabille-toi**. Cette version est transcrite par Lisa Ornstein d'après une interprétation de Guy Bouchard exécutée lors d'un bal en 1980. L'air accompagne un cotillon, une ancienne danse française.

Also known as **Déshabille-toi** (tr. undress yourself). Lisa Ornstein transcribed this version from Guy Bouchard's playing at a dance in 1980. The tune accompanies a cotillion, an old French dance.

Jos Bouchard

Le violoneux **Jos Bouchard** (1905-1980) est une figure importante de l'histoire de la musique traditionnelle québécoise. Né à Pointe-au-Pic dans la région de Charlevoix, il vécut pendant de nombreuses années sur l'Île-d'Orléans. Enfant, il apprit le violon auprès d'Élie Sioué. Entre 1938 et 1946, il enregistra plusieurs 78 tours et son style éblouissant fit de lui une vedette de l'industrie du disque alors émergente. Il fit aussi partie du groupe Les Montagnards laurentiens (voir la biographie de Lévi Beaulieu). Il participa à des festivals folkloriques au Québec et dans l'Ontario dans les années 70 et enregistra quelques 33 tours. Malgré un succès indéniable, J. Bouchard ne réussit jamais à vivre de sa musique et travailla, pendant 32 ans, pour la compagnie de chemin de fer le Canadien National.

J. Bouchard était connu pour son répertoire coloré et tout particulièrement pour ses pièces de quadrille (Voir Introduction). Son répertoire était traditionnel bien qu'il s'attribue, dans ses premiers albums, la paternité des pièces enregistrées. Il jouait selon le style lyrique associé au répertoire de quadrilles de Québec, improvisant des variations aux pièces. À l'exception de quelques coulissements occasionnelles et d'un large vibrato sur les notes plus longues, son style était dépouillé d'ornements.

Jos Bouchard (1905-1980), a fiddler, was a major figure in Québec's traditional music history. Born in Pointe-au-Pic in the Charlevoix region, he lived for many years on Île d'Orléans. His fiddle teacher as a child was Élie Sioué. He made several 78-rpm records between 1938 and 1946, and his flashy style made him a star of the early record industry. He was a member of the group Les Montagnards laurentiens (see biography of Lévi Beaulieu for more about this group). Several LP records were made of Bouchard's playing as well, and he appeared at folk festivals in Québec and Ontario in the 1970s. Despite his success as a recording artist, Bouchard did not make his living as a musician, but worked for the Canadian National Railroad for 32 years.

Bouchard was known for his colorful repertoire, especially the music of the quadrille (see Introduction for more about quadrilles). His repertoire was traditional, despite the fact that the old records often credit him with composing the tunes he recorded. He played in the lyrical style which is associated with the Québec City quadrille repertoire, improvising variations to the tunes. His style was unornamented except by occasional slides and a wide vibrato on the longer notes.

23 Carnaval

Cette version est celle du violoneux Michel Bordeleau. Jos Bouchard jouait lui cet air en mi mineur/sol. La partition de l'accompagnement piano de cette pièce se retrouve à l'Appendice II.

This version is from fiddler Michel Bordeleau. Jos Bouchard himself played the tune in the key of E minor/G major. A transcription of the piano accompaniment for this tune can be found in Appendix II.

Jos Bouchard: *Reel carnaval*; Laurie Hart: *Gravity Hill*.

24 Galope

Tiré du répertoire de Jos Bouchard. Cette version est transcrite d'après le groupe Éritage dans *La ronde des voyageurs*. Une version différente en do et fa est présentée dans le livre *Philippe Bruneau : Musique traditionnelle pour accordéon diatonique*.

Conseils de style : Éritage joue cette pièce sur un tempo décontracté, avec des croches swinguées.

From the repertoire of Jos Bouchard. This version is from the group Éritage: *La ronde des voyageurs*. A different version in the keys of C and F appears in the book, *Philippe Bruneau, Musique traditionnelle pour accordéon diatonique*.

Style tips: Éritage played the tune at a relaxed tempo, with swing eighth notes.

25 Galope de la Malbaie/Mackilmoyle's Reel, version 1

Nous vous présentons ici deux versions différant par leurs notes mais surtout par le placement des pulsations rythmiques. Il est fascinant de constater que pour autant qu'elles soient différentes, ces deux versions sont tout aussi valides. Cette première version québécoise est transcrite d'après *Jos Bouchard, violoneux : Musique et danse traditionnelle de Charlevoix.* J.Bouchard l'enregistra pour la première fois en 1938. Louis Beaudoin en interpréta une version similaire.

We present two versions of this tune, which differ in notes and especially in placement of the rhythmic pulse. We find it fascinating that the tune sounds musically valid and tuneful both ways. This québécois version is transcribed from *Jos Bouchard, violoneux: Musique et danse traditionnelle de Charlevoix.* Bouchard first recorded it in 1938. Louis Beaudoin played a similar version.

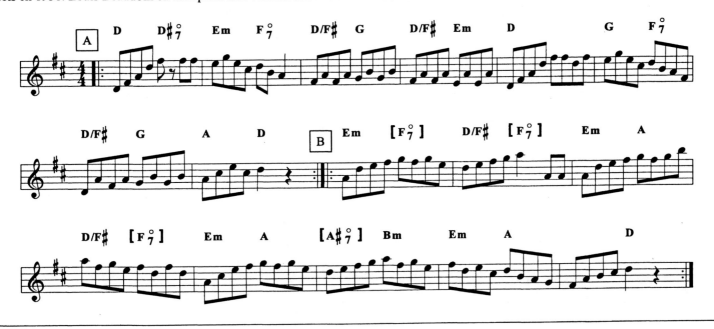

26 Galope de la Malbaie/Mackilmoyle's Reel, version 2

Cette version Provinces Maritimes / Nouvelle-Angleterre, dont les portées ont été déplacées, est reproduite, avec son autorisation, du livre de la violoneuse du Massachussetts Donna Hébert : *The Grumbling Old Woman* (La grondeuse). D.Hébert tient cette version du très influent violoneux Don Messer dont les programmes dominaient les ondes à travers le Canada et le nord-est des États-Unis au début des années 40. Celui-ci animait des émissions radiophoniques au Nouveau-Brunswick et à l'Île-du-Prince-Édouard puis, de 1956 à 1969, une émission télévisée depuis Halifax en Nouvelle-Écosse.

This Maritime/New England version, with the bar lines shifted to a different place in the music, is from Massachusetts fiddler Donna Hébert, reprinted with permission from her book, *The Grumbling Old Woman.* Hébert got her version from the influential fiddler Don Messer, whose shows dominated fiddle broadcasting throughout Canada and the northeastern U.S. beginning in the 1940s. He had radio shows in New Brunswick and Prince Edward Island, and then a TV show from Halifax, Nova Scotia from 1956-1969.

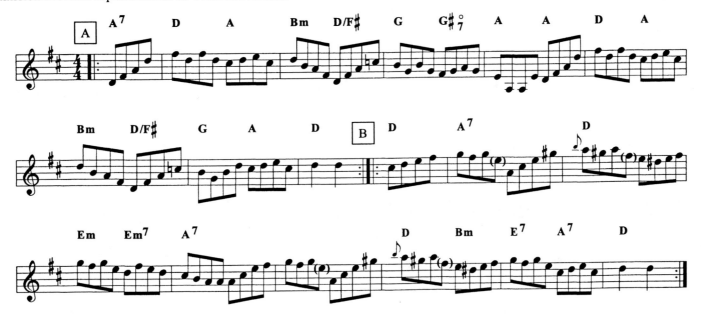

27 Quadrille Bouchard, 2e partie (tr. 2nd part)

Ceci est la deuxième partie d'un quadrille enregistré en 1975 dans l'album : *Jos Bouchard : Violoneux de l'Île d'Orléans, Portrait du vieux Kébec, vol. 13*. La transcription est tirée avec permission du livre de Jean-Pierre Joyal : *Danses d'ici : Musique traditionnelle du Québec*, édité par l'Association Québécoise des Loisirs Folkloriques. Les accords sont les nôtres. La modulation au cinquième (de sol à ré) est caractéristique des airs de la région de Québec.

This is the second part of a quadrille set recorded in 1975 on *Jos Bouchard: Violoneux de l'Île d'Orléans, Portrait du vieux Kébec, vol. 13*. The transcription is reprinted with permission from Jean-Pierre Joyal's book, *Dances d'ici: Musique traditionnelle du Québec*, produced by the Association Québécoise des Loisirs Folkloriques. The chords are our own. The modulation to the fifth (from G to D) is a characteristic feature of tunes from the Québec City region.

Jean-Pierre Joyal: *Dances d'ici.*

28 Quadrille Bouchard, 3e partie (tr. 3rd part)

Cette version, enregistrée en 1940 par Jos Bouchard, est également extraite de *Danses d'ici : Musique traditionnelle du Québec* (voir pièce 27), reproduite avec la permission de l'auteur. Les accords sont les nôtres.

This version, recorded in 1940 by Jos Bouchard, is also reprinted with permission from *Dances d'ici* (see #27 above). The chords are our own.

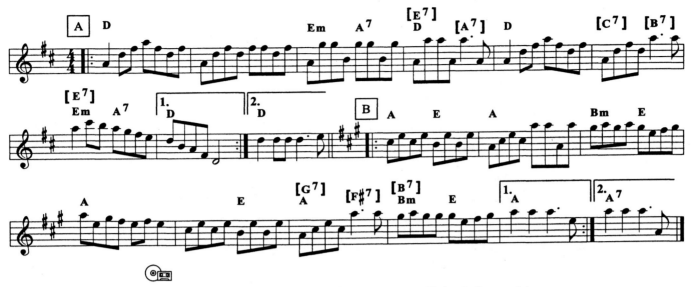

Jean-Pierre Joyal: *Dances d'ici*; Richard Forest & Yvon Cuillerier: *Québec pure laine*.

29 Reel Béatrice

Cette version est interprétée par le violoneux Martin Racine dans l'album de La Bottine souriante : *Je voudrais changer d'chapeau*. Ce morceau est une pièce très populaire de Bouchard, et il semblerait qu'elle ait été adaptée d'après une polka italienne.

Conseils de style : Le triolet fut ajouté plus tard à l'air. Bouchard avait lui-même plutôt tendance à doubler les notes.

This version is from fiddler Martin Racine on La Bottine souriante: *Je voudrais changer d'chapeau*. This was one of Jos Bouchard's "signature tunes", and may have been adapted from an Italian polka.

Style tip: The triplet ornaments are a later addition to the tune. Bouchard himself tended to double the notes instead.

Jos Bouchard, violoneux : Musique et danse traditionnelle de Charlevoix ; Danseries de la belle province de Denis Pépin ; *Violoneux de St-Basile-de- Portneuf* d'André Alain ; *En spectacle* de La Bottine souriante.

Jos Bouchard, violoneux: Musique et danse traditionnelle de Charlevoix; Denis Pépin: *Danseries de la belle province*; André Alain: *Violoneux de St-Basile de Portneuf*; La Bottine souriante: *En spectacle*.

30 Reel de Pointe-au-Pic

Cette version provient de *Jos Bouchard, violoneux : Musique et danse traditionnelle de Charlevoix*. La version de J.Bouchard présente un temps en moins juste avant la première phrase de la partie B alors que, à la fois les versions de Jean Carignan et de La Bottine Souriante (interprétées en ré), ont des phrases à 16 mesures. Nous vous indiquons par une variation une manière de rallonger la version de J.Bouchard. Schottische enregistré à l'origine en 1916 sous le titre des **Four Little Blackberries** par l'accordéoniste écossais Pamby Dick, cet air est une autre pièce maîtresse du répertoire de J. Bouchard.

Conseils de style : La longue et haute note do# accompagnée par un vibrato exagéré est caractéristique du jeu de J.Bouchard. Il utilisait souvent quelques notes hautes qui imposent un passage en troisième position peu pratiqué, hier comme aujourd'hui, par les violoneux.

This version is from *Jos Bouchard, violoneux: Musique et danse traditionnelle de Charlevoix*. Bouchard's version lacks a beat right before the first phrase of the B part, whereas both Jean Carignan's and La Bottine souriante's versions (which are in the key of D) have regular 16 bar phrases throughout. We show one way to fill up the short measures of Bouchard's version as a variation. This was another of Bouchard's signature tunes, originally a schottische called **Four Little Blackberries**, recorded in 1916 by Scottish accordionist Pamby Dick.

Style tip: The long high C#, played with exaggerated vibrato, is a characteristic feature of Bouchard's playing. He often included a few high notes for which it is necessary to shift to 3rd position, not a common practice among fiddlers then or now.

Graham Townsend: *Classics of Irish, Scottish and French-Canadian Fiddling*; La Bottine souriante: *Jusqu'aux p'tites heures*; Isidore Soucy (78 tours/78 rpm).

31 Saint-Antoine

Extrait du répertoire de Jos Bouchard. Cette version provient de *Tradi/son de passage* de Richard Forest, qui nomme cette pièce **Saint Siméon**. Jos Bouchard a une version du reel **Saint-Antoine** comprenant trois parties (au lieu de deux), et a également enregistré une autre mélodie sous le titre de **Saint-Siméon** (qui ne correspond pas au reel **Saint-Antoine**) (voir pièce 40).

Conseils de style : R. Forest fait à chaque occasion usage de bourdons en la et mi.

From the repertoire of Jos Bouchard. This version is from Richard Forest, *Tradi/son de passage,* entitled **Saint-Siméon**. Bouchard's version of **Saint-Antoine** had three parts, and Bouchard also recorded a completely different tune entitled **Saint-Siméon** (see # 40).

Style tip: Forest droned his A and E strings wherever possible.

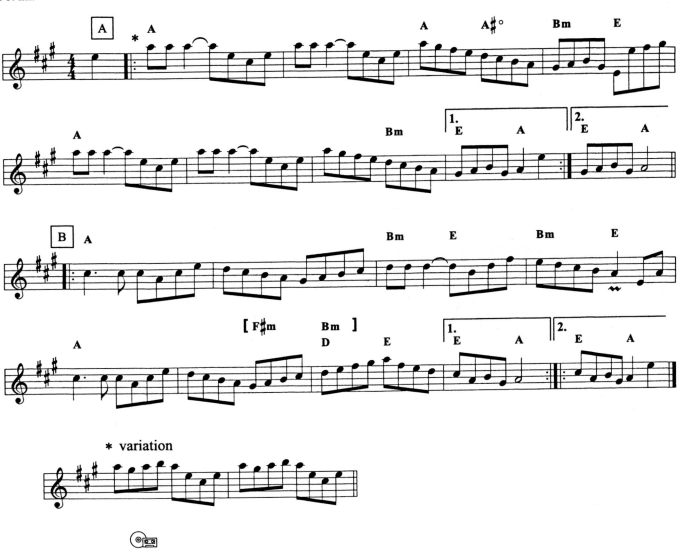

Jos Bouchard: *Reel carnaval*; Richard Forest & Yvon Cuillerier: *Québec pure laine.*

32 Saut du lapin no. 1 (tr. rabbit's jump)

Extrait du répertoire de Jos Bouchard. Cette version est interprétée par Lisa Ornstein. Les variations proviennent des musiciens américains Paul Kotapish et Sara Hiebert. Ce morceau est l'un des deux airs ayant le même titre (voir pièce 62).

From the repertoire of Jos Bouchard. This version is from Lisa Ornstein. We heard the variation from U.S. musicians Paul Kotapish and Sara Hiebert. This is one of two tunes with the same title (see #62).

* variation

Denis Pépin: *Danseries de la belle province*; Richard Forest & André Filion: *Tradi/son de passage*.

33 Partie du lancier (tr. part of Lancers)

Tiré du répertoire de Jos Bouchard. Cette version provient du livre de Carmelle Bégin : *Philippe Bruneau : Musique traditionnelle pour accordéon diatonique*, reproduit avec la permission du Musée canadien des civilisations, copyright 1983 Musée canadien des civilisations. Les accords sont les nôtres. P. Bruneau interprète cet air sur un accordéon à trois rangées. Certaines versions sont parfois en si mineur. Parmi d'autres titres, on trouve le **Bridal Festival Quadrille, Am-C-F** ou le **6/8 galant**.

From the repertoire of Jos Bouchard. This version is reprinted from the book, *Philippe Bruneau: Musique traditionnelle pour accordéon diatonique*, by Carmelle Bégin (reproduced by permission of the Canadian Museum of Civilization, copyright 1983 Canadian Museum of Civilization). The chords are our own. Bruneau plays it on a three-row accordion. This tune is sometimes played in B minor. Other titles include **Bridal Festival Quadrille, Am-C-F** or **6/8 gallant**.

Conseils de style : J.Bouchard interprétait les 6/8 de manière lyrique, sans ornements et avec un vibrato sur les nombreuses longues notes.

Style tip: Bouchard played 6/8 tunes with an unornamented, lyric style, with vibrato on the many long notes.

Louis «Pitou» Boudreault

Louis « Pitou » Boudreault (1905-1988) est un violoneux de Chicoutimi. Fils d'une famille de 14 enfants, L.Boudreault apprit son répertoire auprès de son père Didace (1880- 1939) et de son grand-oncle Thomas Vaillancourt (1856-1918), eux-mêmes violoneux célèbres de la région du Saguenay-Lac-Saint-Jean, ainsi que du violoneux de Tadoussac et Chicoutimi, Xavier Dallaire (1870-1964). Dans sa jeunesse, L. Boudreault jouait à des veillées et mariages pouvant durer jusqu'à trois jours, mais le temps passant, les anciens airs et danses traditionnelles laissèrent place au Big Band. Plutôt que d'adapter son répertoire à la mode du moment, Pitou continua de jouer en privé ses airs traditionnels. Pour subvenir aux besoins de sa famille, L.Boudreault travaillait comme charpentier et ne s'intéressa que plus tard à la lutherie (construction et réparation de violon). Il fit peu d'apparitions en public entre les années 30 et 70. Au début des années 70, il commença à jouer à la radio et à des festivals au Québec, en Ontario, aux États-Unis et en France. Au milieu des années 70, deux films et trois 33 tours mettant à l'honneur sa musique et ses talents de conteurs furent produits.

La violoneuse Lisa Ornstein, folkloriste et ethnomusicologue américaine, écrivit son mémoire de Maîtrise sur L. Boudreault, à l'Université Laval, en 1985. Intitulé *A Life of Music : History and Repertoire of Louis Boudreault, Traditional Fiddler from Chicoutimi*, ce mémoire présente des transcriptions musicales détaillées de 55 pièces (avec techniques d'archet et bourdons) dont plusieurs composés par L.Boudreault. Nous incluons une de ces transcriptions dans cet ouvrage ; plusieurs autres sont disponibles dans les cahiers de musique de Guy Bouchard et Liette Remon.

Le style et le répertoire unique de Boudreault ont influencé beaucoup de jeunes artistes. Comme le dépeint L.Ornstein : « Le style de Monsieur Boudreault est très distinct par son approche forte et énergique et par son tempo résolument régulier...son ton puissant et incisif, son utilisation de scordaturas, de mélanges de rythmes et de bourdons contribuant à une plus grande plénitude du son, rendent ses interprétations en solo autosuffisantes. Sa technique d'archet est assez complexe, ses ornements sont simples et courts, exécutés principalement à l'archet ou en bourdon. [La plupart des pièces de son répertoire familial] comportent des phrases qui ont été, au niveau de la mélodie ou de la cadence, rallongées ou raccourcies en phrases musicales dites « tordues » à savoir de formes inhabituelles. Dans de nombreux cas...les mélodies semblent avoir été réduites à l'essentiel avant d'être à nouveau élaborées en phrases. »

Louis «Pitou» Boudreault (1905-1988) was a fiddler from Chicoutimi. One of 14 children, Boudreault learned his repertoire from his father Didace (1880-1939) and his great-uncle Thomas Vaillancourt (1856-1918), who were themselves famous fiddlers of the Saguenay-Lac-St-Jean region, and also from fiddler Xavier Dallaire (1870-1964) of Tadoussac and Chicoutimi. As a young man Louis Boudreault played for parties and weddings (which could last three days), but as time went on, the older social dances and tunes gave way to the Big Band era. Rather than adapt his repertoire to suit popular standards, Pitou continued to play the old tunes in private. To support his family Boudreault worked as a carpenter and later became interested in violin building and repair. He didn't play much in public from the 1930s until the early 1970s, when he began to play on the radio and at festivals in Québec, Ontario, USA and France. In the mid-1970s, three LP recordings and two films were produced featuring Boudreault's playing and storytelling.

American ethnomusicologist, folklorist and fiddler Lisa Ornstein wrote her master's thesis about Boudreault at Laval University in 1985. Entitled *A Life of Music: History and Repertoire of Louis Boudreault, Traditional Fiddler from Chicoutimi*, this thesis includes detailed transcriptions (including bowings and drones) of 55 tunes, including several of Boudreault's compositions. We include one of her transcriptions here; several others are available in Liette Remon and Guy Bouchard's tunebooks.

Boudreault's unique repertoire and style of playing have influenced many younger players. As Ornstein describes it: "Mr. Boudreault's style is distinctive in its driving, energetic approach and its absolute steadiness of tempo...his powerful, incisive tone and his use of cross-tunings, cross-rhythms, and drone strings to fill out the sound make this solo performance musically self-sufficient. His bowing is fairly complex...his ornaments are short and simple, executed mostly with the bow or by the use of drone strings. [Most of the tunes from his family repertoire] feature strains which have been stretched or compressed, either within the melody or at the cadence, into "crooked", unusually shaped phrases. In many cases...the melodies seem to have been reduced to essential motifs and then re-elaborated into phrases."

Note d'accompagnement : L.Boudreault interprétait généralement ses pièces en solo selon la tradition, accompagné par le seul tapement de ses deux pieds (talon-talon- pointe-pointe). Nous avons néanmoins inclus des suggestions d'accords pour les trois pièces présentées dans ce livre à l'attention de ceux parmi vous qui préfèrent ce genre d'accompagnement.

Accompaniment note: Boudreault usually played his tunes in the traditional solo style, accompanied only by the double tapping of his two feet (heel-heel-toe-toe). However, for the three tunes in this book, we have included chords as suggestions for those who desire chordal accompaniment.

34 Reel à Célina

Aussi connu sous le titre **Gigue à Célina**, tiré du répertoire de Louis Boudreault qui tient cette pièce de son père. Cette transcription provient du mémoire de Lisa Ornstein, (reproduction autorisée par l'auteur).

Conseils de style : La première mesure de la partie B donne un bon exemple du style d'archet unique de L.Boudreault : deux croches répétées et jouées sur deux coups d'archet poussés successifs avec une pause entre les deux. Remarquez comment l'usage de bourdons dont il fait preuve déplace les accents. L.Boudreault joue ses do entre le do normal et le do# dans la partie A. Le dernier sol de la première et 5e mesure de la partie B, et les ré de la 2e et 6e mesure de la partie B sont aussi joués entre normal et dièse.

Also known as **Gigue à Célina**, from the repertoire of Louis Boudreault, who learned it from his father. This transcription comes from Lisa Ornstein's thesis, reprinted by permission.

Style tips: The first bar of the B part shows an example of Boudreault's unique bowing style: two repeated eighth notes played on two successive up-bows with a stop in between. Note how Boudreault's use of drones shifts the accent around. Boudreault played his C notes in between C natural and C sharp in the A part. Also, the last G in the first and fifth bars of the B part, and the D notes in the second and sixth bars of the B part, were played between natural and sharp.

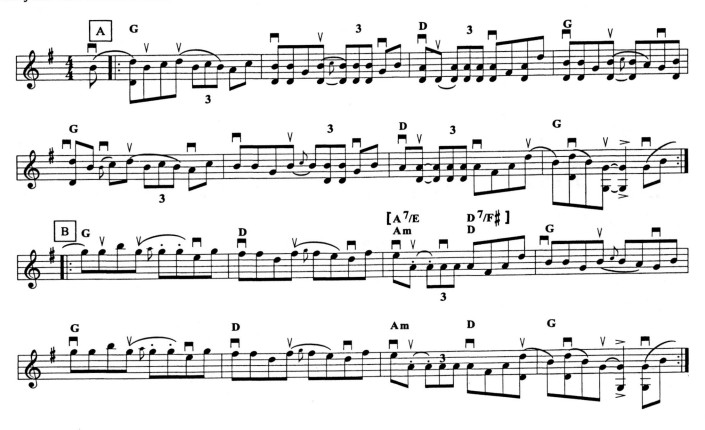

Louis Boudreault : Old-Time Fiddler of Chicoutimi, Québec (ce n'est pas l'air appelé Célina sur l'album, mais le deuxième air d'un « medley » qui s'appelle Le Reel à Philibert) ; *Musique traditionnelle du Québec : Violon* de Louis Boudreault ; *La Ronde des Voyageurs* d'Éritage ; *Québec Pure Laine* de Raynald Ouellet et Daniel Poirier ; *Album Souvenir, Vol. 1* de Manigance.

Louis Boudreault: Old-Time Fiddler of Chicoutimi, Québec (not the tune called Célina on the album, but the second tune of a medley entitled Le Reel à Philibert); Louis Boudreault: *Musique traditionnelle du Québec: Violon*; Éritage: *La Ronde des Voyageurs*; Raynald Ouellet and Daniel Poirier: *Québec Pure Laine*; Manigance: *Album Souvenir, vol. 1.*

35 Le batteux (tr. the threshing mill)

Version de *Louis Boudreault : Old-Time Fiddler of Chicoutimi, Québec*. L. Boudreault tient cet air de son père. Cette pièce accompagnait une danse célébrant les fêtes de la moisson.

Conseils de style : Accordage en la-mi-la-mi. Cordes ouvertes en bourdon. Comme dans le **Reel à Célina**, faire de triolet découpé à l'archet en liant la note précédant le triolet avec la première de celui-ci. Une partition détaillée transcrite par Lisa Ornstein et incluant les coups d'archet est offerte dans le recueil de pièces, vol.1 de Guy Bouchard et Liette Remon.

From *Louis Boudreault: Old-Time Fiddler of Chicoutimi, Québec.* Boudreault learned this tune from his father. It accompanied a dance that was done at grain-threshing bees.

Style tips: Fiddle tuning A-E-A-E. Drone the open strings. As in **Reel à Célina**, Boudreault approached the bowed triplets with an up-bow slur from the previous note to the first note of the triplet. A detailed transcription by Lisa Ornstein, including bowings, appears in Liette Remon and Guy Bouchard's tunebook, vol. 1.

La Bottine souriante: *Chic & Swell, En Spectacle* (turlutte/mouth-music versions); Ornstein, Marchand & Miron: *Le bruit court dans la ville.*

36 La belle Catherine

Version de *Louis « Pitou » Boudreault, violoneux-raconteur, Saguenay-Lac St-Jean, Portrait du vieux Kébec, vol. 2.* Cette pièce est une version de l'air écossais **The Braes of Mar** attribué à John Coutts et dont la première partition apparaît dès 1734. **La belle Catherine** est aussi le nom d'une danse en colonnes, autrefois populaire au Québec.

Conseils de style : Structure ABAC, avec les 12 mesures de la partie A jouées entièrement entre la partie B et C. À agrémenter de quelques bourdons. Cette pièce donne amplement la chance d'utiliser les triolets avec les coups d'archet poussés, et les coups « poussé-arrêt-poussé » pour les notes répétées tel que dans le **Reel à Célina**.

From *Louis «Pitou» Boudreault, violoneux-raconteur, Saguenay-Lac St-Jean, Portrait du vieux Kébec, vol. 2.* This tune is a version of a Scottish tune entitled **The Braes of Mar**, attributed to John Coutts and appearing in print as early as 1734. **La belle Catherine** is also the name of a longways-formation dance that was popular in Québec.

Style tips: Form: ABAC, with the entire 12 measures of the A part played between the B part and the C part. Drone the open strings occasionally. This tune gives plenty of opportunity for up-bow triplets and the up-stop-up bowing for repeated notes as seen in **Reel à Célina**.

Willie Ringuette, 78 tours de 1927 intitulé Reel des Noces ; Isidore Soucy, 78 tours de 1930 et 32 ; Manigance : *Album souvenir vol. 1* ; La Bottine souriante : *Les épousailles et En spectacle.* Jean Carignan interpréta une version de cet air qu'il nomma Reel de Pius Boudreau (du nom d'un violoneux du Nouveau-Brunswick qui le lui enseigna), cette transcription apparaît dans le livre de C. Bégin dédié à J. Carignan. Une transcription de The Braes of Mar peut être trouvée dans la collection de pièces de l'Île-du-Prince- Édouard, par Perlman.

Other recordings of this tune: Willie Ringuette, 1927 78-rpm entitled Reel des Noces; Isidore Soucy, 1930 and 1932 78-rpms; Manigance: *Album souvenir vol. 1*; La Bottine souriante: *Les épousailles* and *En spectacle.* Jean Carignan played a version of this tune which he called Reel de Pius Boudreau (learned from a New Brunswick fiddler of that name); it appears in Bégin's book on Carignan. The Braes of Mar can be found in Perlman's collection of Prince Edward Island tunes.

Philippe Bruneau

Né en 1934 à Montréal, **Philippe Bruneau** est un interprète-compositeur qui joue de l'accordéon diatonique et du piano. Il tient son répertoire initial de son père, qui jouait de l'accordéon, ainsi que du violoneux Lionel Simard de La Malbaie, dont le répertoire comporte des parties de quadrilles et des galopes. Dans les années 50 et 60, P. Bruneau enregistra plusieurs albums avec Jean Carignan en tant qu'accompagnateur piano et accordéoniste. P. Bruneau sortit ensuite, dans les années 70, deux albums solo sur accordéon à une et trois rangées sous l'étiquette Philo. Il était alors directeur musical de la troupe Les Danseurs du St-Laurent, donnait de nombreuses représentations et apparaissait à la radio, télévision et dans des reportages documentaires. Durant les années 80 et 90 , il fit de plus en plus d'apparitions dans des festivals, produit d'autres albums, et participa à un enregistrement vidéo intitulé *La gigue québécoise*. En 1983, Carmelle Bégin publia un recueil de transcriptions d'une partie de son répertoire rassemblant des airs d'origine traditionnelle ainsi que 17 pièces de sa composition. Son style est rapide, orné et rythmique, riche en notes doubles et en triolets. P. Bruneau vit aujourd'hui en France, à Forcalquier. (Voir aussi les pièces 98 et 99 composées par P. Bruneau).

Philippe Bruneau is a button accordionist, pianist and tunesmith who was born in Montréal in 1934. He learned his initial repertoire from his father, who played accordion, and from fiddler Lionel Simard of La Malbaie, whose repertoire featured quadrille parts and galopes. Bruneau recorded several albums with Jean Carignan, as both piano accompanist and accordionist, in the 1950s and 60s. During the 1970s, Bruneau made two solo albums for the Philo label on 3-row and single-row accordion. He was musical director for the dance troupe Les Danseurs du St-Laurent, performed widely and appeared on radio, TV and documentary film. The 1980s and 90s brought more festival appearances, albums, and a video entitled *La gigue québécoise*. In 1983, Carmelle Bégin produced a book of transcriptions of a portion of his repertoire, which contains tunes from many traditional sources as well as 17 of his own compositions. His style is fast, ornate and rhythmic, full of octaves, doubled notes and triplet runs. Bruneau now lives in Forcalquier, France. (See also Bruneau's compositions, #98 and #99.)

Dorothy Hogan, Philippe Bruneau

37 Fitzmaurice Polka

Version de Philippe Bruneau : *Danses pour veillées canadiennes*. P. Bruneau tient cet air d'un enregistrement de 1929 de l'accordéoniste John Kimmel de Brooklyn, New York. Bien que ce dernier fut d'origine allemande, son répertoire était constitué de pièces irlandaises, écossaises et américaines. Son style influença grandement P.Bruneau et d'autres accordéonistes québécois.

Structure : ABAC. Fin = Partie A.

Version from Philippe Bruneau: *Danses pour veillées canadiennes*. Bruneau got this tune from a 1929 recording by button-accordionist John Kimmel of Brooklyn, New York. Although Kimmel was of German descent, his repertoire was Irish, Scottish and American, and his playing has had a great influence on Bruneau and other accordionists in Québec.

Form: ABAC. End with the A part.

38 6/8 en ré (in D)

Version de Philippe Bruneau.

Version from Philippe Bruneau.

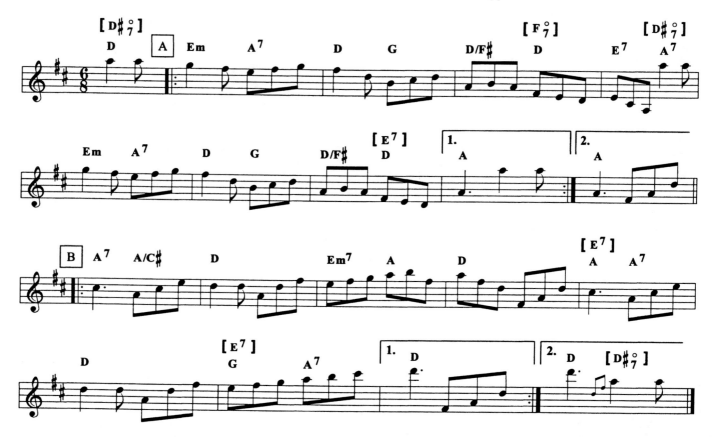

Jean «Ti-Jean» Carignan

Le violoneux **Jean « Ti-Jean » Carignan** (1916-1988) fut un virtuose internationalement connu. Né à Lévis, près de Québec, il déménagea avec sa famille à Trois-Rivières, de là, à Sherbrooke et finalement à Montréal où il vécu la majeure partie de sa vie. À l'âge de 5 ans, il commença à jouer dans les rues, les salons de barbiers et aux endroits de pèlerinage. Il acquit une maîtrise du répertoire de violon de son père à l'âge de 10 ans. C'est à 12 ans qu'il entendit pour la première fois, dans un magasin, un disque de Joseph Allard. Willie Ringuette et Joseph Allard lui enseignèrent tous deux le violon et il compléta lui-même son apprentissage par des techniques empruntées à la musique classique, en observant des virtuoses tels que Heifetz et Kreisler lors de représentations données par ces artistes à Montréal. Il était par ailleurs aussi un bon danseur de gigue. À côté de la musique classique et traditionnelle québécoise, J. Carignan apprit de nombreuses pièces à partir de disques 78 tours. Il adorait les airs écossais du Cap-Breton et de l'écossais J. Scott Skinner, les pièces irlandaises de Michael Coleman et James Morrison ainsi que celles à l'accordéon de John Kimmel. La légende veut qu'il comptait à son répertoire près de 7000 pièces.

J.Carignan joua avec plusieurs groupes dont George Wade's Corn Huskers et Les Feux Follets (Ensemble de danse national du Canada). Il ne parvint jamais à gagner entièrement sa vie en tant que musicien. Il travailla comme cordonnier et chauffeur de taxi durant de nombreuses années et vécut modestement. Il commença à enregistrer les 78 et 45 tours en 1955. Entre 1957 et 1978, il produisit de nombreux 33 tours. Certains de ses albums ont été récemment réenregistrés.

Dans les années 60 et 70, il participa à des festivals de musique traditionnelle et donna des concerts dans le monde entier. Il se produisit accompagné d'orchestres symphoniques, à la télévision avec Yehudi Menuhin, reçut l'Ordre du Canada et un doctorat honorifique de l'Université McGill. En 1979, l'ethnomusicologue Carmelle Bégin enregistra et transcrivit 278 pièces jouées par J. Carignan dans le cadre de sa thèse de doctorat. Dans son livre traitant de J.Carignan, édité en 1981, elle complète cent de ces pièces avec des ornements, coups d'archets et variations.

J.Carignan interprétait parfois le répertoire traditionnel avec un style à la Paganini, cherchant à éblouir l'audience. De l'avis de certains critiques, ces influences classiques étaient déplacées surtout dans les pièces irlandaises et dans une moindre mesure dans les airs écossais. Cette tendance était cependant moins apparente dans son répertoire canadien-français : dans chaque morceau, il parvenait toujours à faire revivre l'exubérant et entraînant sens québécois du phrasé et de la pulsation. J. Carignan tomba malade au sommet de sa gloire. Une de ses dernières apparitions en public en 1983 fut un hommage à son professeur Joseph Allard.

Jean «Ti-Jean» Carignan (1916-1988) was an internationally famous fiddle virtuoso. He was born in Lévis, near Québec City, and moved with his family to Trois-Rivières, then Sherbrooke and eventually Montréal, where he lived most of his life. He started playing on the streets, in barbershops and at pilgrimage sites at age 5, mastered his father's fiddle repertoire by age 10, and at age 12 he heard his first record of Joseph Allard in a store. He studied fiddle with both Willie Ringuette and Allard, and went on to teach himself techniques borrowed from classical music by watching such virtuosi as Heifetz and Kreisler perform when they came through Montréal. He was also a good step-dancer. In addition to traditional québécois and classical music, Carignan learned many tunes from 78-rpm records. He loved the Scottish tunes of Cape Breton and of Scotland's J. Scott Skinner, the Irish tunes of Michael Coleman and James Morrison, and the accordion tunes of John Kimmel. Rumor has it that his repertoire included close to 7000 tunes.

Carignan performed with several groups including George Wade's Corn Huskers and Les Feux Follets (Canada's national dance ensemble). He was never able to earn his entire living as a musician, and he lived modestly and worked as a shoemaker and taxi-driver for many years. His recording career began in 1955 with several 78- and 45-rpm records. Between 1957 and 1978 he recorded many LP records, and some of his recordings have been reissued more recently.

In the 1960s and 70s he gave performances at folk festivals and in concert halls around the world. He performed with orchestras, on TV with Yehudi Menuhin, and received the Order of Canada and an honorary doctorate from McGill University. In 1979, ethnomusicologist Carmelle Bégin recorded Carignan playing 278 tunes, which she transcribed in her doctoral thesis. One hundred of these appear in her 1981 book about Carignan, complete with ornaments, bowings and variations.

Carignan dazzled audiences with his Paganini-type performances of traditional material. To some critics the classical influences seemed out of place, especially for Irish tunes, and only slightly less so for Scottish tunes. The classical influences did not appear as much in his québécois repertoire, however, and in everything he played he retained the buoyant and exuberant sense of phrasing and pulse which is native to Québec. Carignan became ill at the height of his fame, and one of his last public appearances, in 1983, was an homage to his teacher Joseph Allard.

39 Reel du pendu (tr. hanged man's reel or hangman's reel)

Une pièce de violon très couramment jouée sur la scène du Canada français. Cette version (notre version préférée) provient du violoneux Pierre Laporte de La Bottine souriante : *Les épousailles*. Laporte, de Saint-Liguori près de Joliette, attribue les influences de cette version à Jean Carignan et André Alain. L'histoire retracée par cet air est celle d'un homme condamné à la pendaison et à qui on donne une dernière chance, s'il parvient à jouer sur un violon désaccordé. En Louisiane, cette pièce est connue sous le titre du **Reel du sauvage perdu** ou **Lost Indian Reel** en ligne avec la tradition du sud des États-Unis. (V. aussi les pièces 121 et 85.)

Conseils de style : Accord du violon en la-mi-la-do#. Faites usage d'un archet rebondissant, tout particulièrement dans la partie C, et de hauts bourdons dans les parties A et B. Dans la partie E, le symbole + indique un pizzicato de la main gauche.

A fiddler's showpiece commonly played in French Canada. This version is from the fiddling of Pierre Laporte on La Bottine souriante: *Les épousailles* (tr. weddings). Laporte, from Saint-Liguori near Joliette, credits André Alain as well as Jean Carignan as his influences for this version, which is our favorite. The story associated with this tune is that of a man condemned to hang who is offered a chance to save his own life if he can play a tune on a mistuned fiddle. In Louisiana this tune is called **Reel du sauvage perdu**, which translates to **Lost Indian Reel**, its title in the southern U.S. tradition. (See the related tunes, #121 and #85.)

Style tips: Fiddle tuning A-E-A-C#. Use a bouncy bow, especially on the C part, and high drones throughout the A and B parts. The symbol + in the E part indicates left-hand pizzicato.

Une version de J.Carignan peut être entendue dans ses albums *French Canadian Fiddle Songs* et *Musiciens traditionnels-québécois.* La version de Carignan de même que le **Lost Indian Reel** peuvent être trouvés dans le *Fiddler's Fakebook* de David Brody, Isidore Soucy enregistra sur 78 tours cinq fois le **Reel du pendu** entre 1927 et 1952 ce qui témoigne bien de sa popularité. D'autres versions sont offertes dans *Louis Beaudoin* (Philo) et *Old-Time Fiddler of Chicoutimi, Québec* de Louis Boudreault.

Carignan's version can be heard on *French Canadian Fiddle Songs* and *Musiciens traditionnels—québécois*, and is transcribed in the *Fiddler's Fakebook* by David Brody, as is **Lost Indian Reel**. Isidore Soucy recorded **Reel du pendu** five times on 78-rpm between 1927 and 1952, an indication of it's popularity. Other versions can be heard on *Louis Beaudoin* (Philo) and Louis Boudreault: *Old-Time Fiddler of Chicoutimi, Québec*.

40 La ronfleuse Gobeil (tr. the snoring Mrs. Gobeil)

Version de Jean Carignan : *French Canadian Fiddle Songs.* Un des professeurs de J. Carignan, le violoneux Willie Ringuette (1898-1969) de Trois-Rivières, fut le premier à enregistrer cette pièce en 1927. La version originale était constituée de deux parties composées par W. Ringuette plus la partie B de l'air irlandais **Judy's Reel** ou **The Maid Behind the Bar**. Jean Carignan transforma légèrement la première partie et conserva les deux autres de Ringuette.

From Jean Carignan: *French Canadian Fiddle Songs.* One of Carignan's teachers, fiddler Willie Ringuette (1898-1969) of Trois-Rivières, first recorded this tune in 1927. The original version was made up of two parts composed by Ringuette plus the B part of the Irish tune **Judy's Reel** or **The Maid Behind the Bar**. Carignan modified the first part and retained Ringuette's second and third parts.

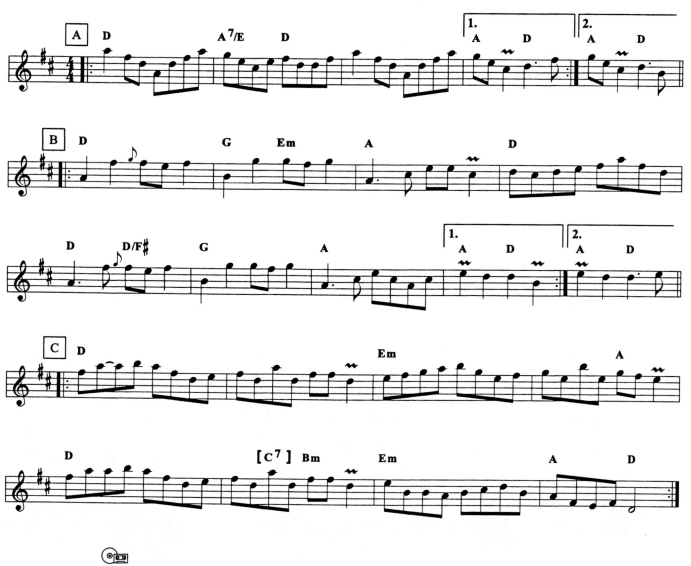

La Bottine souriante: *Y a ben du changement*; Jos Bouchard: *Reel Carnaval* (intitulé/entitled **Saint-Siméon**).

La Famille Corrigan / The Corrigan Family

La Famille Corrigan est une famille de musiciens de Valcartier, une communauté rurale située au nord-ouest de Québec et initialement constituée par des pionniers écossais-irlandais, anglais et de Nouvelle Angleterre. **Keith Corrigan** est un accordéoniste né en 1933. Il reçut ses premières influences musicales de son père **Patrick Corrigan**, violoneux, et de l'accordéoniste Yves Verret des environs du Lac-St-Charles. Patrick a aussi enseigné le violon à son neveu **Éric Corrigan**, né en 1931. Valcartier a une longue tradition de veillées de quadrilles qui persista jusqu'à très récemment dans une ferme locale affectueusement dénommée « Caesar's Palace ». Le répertoire des Corrigans comporte de nombreuses valses ainsi que des 6/8 et reels, bon nombre d'origine irlandaise, d'autres typiquement québécois.

The Corrigan Family is a musical family from Valcartier, a rural community northwest of Québec City that was settled by Scots-Irish, English and New Englanders. **Keith Corrigan** is an accordionist, born in 1933. His primary musical influences were his father **Patrick Corrigan**, a fiddler, and accordionist Yves Verret of nearby Lac-St-Charles. Patrick also taught fiddle to his nephew **Eric Corrigan**, born 1931. Valcartier has a long tradition of quadrille dancing, which continued until recently at a local farm house fondly referred to as "Caesar's Palace". The Corrigans' repertoire contains many waltzes as well as jigs and reels, many of Irish origin, others that are distinctly québécois.

Bernard Monaghan, Tom Conway, Keith Corrigan, Lucie (Verret) Gagné,
at/au Caesar's Palace, Valcartier, 1983

41 6/8 en sol (in G)

Tiré du répertoire d'Éric Corrigan. Cette version est transcrite d'après le violoneux/guitariste Guy Bouchard de Val-Bélair, près de Valcartier.

From the repertoire of Eric Corrigan. This version is from fiddler/guitarist Guy Bouchard of Val-Bélair, near Valcartier.

Éric Favreau & Mario Landry: *Reels à deux*.

42 Elmer's Tune

Tiré du répertoire de Keith Corrigan. Cette version provient de l'album *Les Danseries de Québec...de l'autre bord de l'eau* de Ornstein/Pépin. Keith Corrigan nomma cette pièce d'après son ami Elmer Boyd mais tient cette pièce d'Yves Verret.

Conseils de style : Jouez les noires en staccato, en particulier les deux premières notes de la première et seconde mesures de la partie B.

From the repertoire of Keith Corrigan. This version is from Ornstein/Pépin: *Les Danseries de Québec...de l'autre bord de l'eau*. Keith Corrigan called the tune after his friend Elmer Boyd, but learned the tune from Yves Verret.

Style tips: Play quarter notes staccato, especially the first two notes of the first and second measures of the B part.

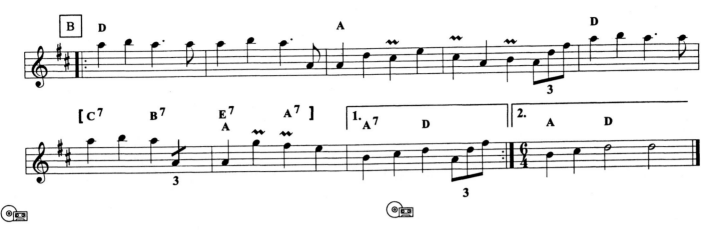

Gabriel Labbé et al : *Hommage à Alfred Montmarquette*, intitulé **Marche Cécilia**. Les notes inscrites sur l'album de Montmarquette commentent : « À la fois galope et polka, cette pièce fut l'un des enregistrements de Montmarquette qui connut le plus de succès. » Fait assez intéressant, la version de Montmarquette décale, dans la partie B, les barres de mesure d'une demi-mesure vers la droite, ce qui donne une métrique régulière à l'ensemble de la mélodie.

Gabriel Labbé et al: *Hommage à Alfred Montmarquette*, entitled **Marche Cécilia**. The liner notes to the Montmarquette album state, "Galope and polka at the same time, it was one of Montmarquette's most successful recordings." Interestingly, Montmarquette's version shifts the bar-lines over to the right by half a measure in the B part, so that the tune is in regular meter throughout.

43 Sheepskin and Beeswax

Tiré du répertoire de Keith Corrigan qui l'hérita de son père. Transcription de Lisa Ornstein. Le titre provient d'une chanson lyrique qui accompagne la mélodie de cette pièce et qui était populaire dans cette communauté irlandaise durant l'enfance de Keith : « Sheepskin and beeswax, it made the mighty plaster ; The more you try to get it off, the more it sticks to faster. »

Note d'accompagnement : Mode mixolydien. Omettre les tierces sur tous les accords en la semble efficace.

From the repertoire of Keith Corrigan, who learned it from his father. Transcription by Lisa Ornstein. The title derives from lyrics which were sung to this tune in the Irish community of Valcartier when Keith was a child: "Sheepskin and beeswax, it made the mighty plaster; The more you try to get it off, the more it sticks to faster."

Accompaniment note: Mixolydian mode. Leaving out the third on all the A chords may sound effective.

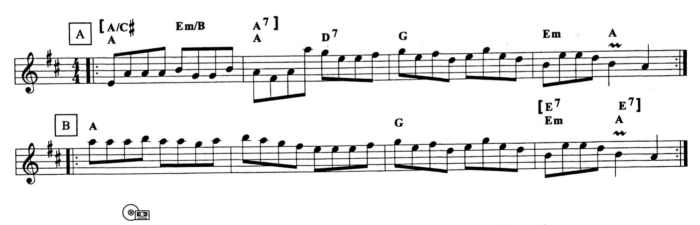

Ornstein/Pépin: *Danseries de la belle province*; La Bottine souriante: *La Mistrine, En spectacle*.

44 Valcartier Set, First Part (1ère partie)

Tiré du répertoire de Keith Corrigan. Cette version provient de : *Danseries de la belle province* de Ornstein/Pépin. Le Set était un quadrille à six parties dansé à Valcartier. K.Corrigan en fit une pièce à trois parties pour intégrer les versions de deux oncles accordéonistes, Willie Shea et Harold Kack qui jouaient deux parties B différentes. La partition d'un accompagnement piano de cette pièce se retrouve à l'Appendice II.

Structure : ABAC, avec la partie A jouée entièrement entre les parties B et C. la mesure à 6/8 suivant la reprise est à jouer au lieu de la mesure finale à 9/8 de la partie A.

From the repertoire of Keith Corrigan. This version is from Ornstein/Pépin: *Danseries de la belle province*. "The Set" was a six-part quadrille danced in Valcartier. Corrigan made this into a three-part tune to accommodate the versions of two accordionist-uncles, Willie Shea and Harold Kack, who played different B parts. A transcription of a piano accompaniment for this tune can be found in Appendix II.

Form: ABAC, with the whole A part played in between the B and C parts. The 6/8 bar following the reprise should be played instead of the 9/8 final bar of the A section.

Gustave et/and Benoît Denis

Gustave et Benoît Denis sont des musiciens du Petit-Cap de Gaspésie.	**Gustave and Benoît Denis** are musicians from Petit-Cap in the Gaspésie.

45 Le foin (tr. the hay)

Lisa Ornstein tient cette version d'un enregistrement d'archives de Gustave et Benoît Denis. Cette pièce accompagne une danse de formation en colonnes, la **Danse des foins**, et fait partie de la famille de pièces connues sous le nom de **La Grondeuse** (V. aussi les pièces 67 et 74).

Conseils de style : Accordage du violon la-ré-la-mi. L.Ornstein utilise des doubles cordes qui créent un accompagnement rythmique intéressant.

Lisa Ornstein learned this version from an archival recording of Gustave and Benoît Denis. This tune accompanies a longways-formation dance, **Danse des foins**, and is in the family of tunes known as **La Grondeuse**. (See also #67 and #74.)

Style tips: Fiddle tuning A-D-A-E. Ornstein uses double stops to create an interesting rhythmic accompaniment.

La Bottine souriante: *Chic& swell.*

Théodore Duguay

L'accordéoniste **Théodore Duguay** (1904-1950) est natif de Rivière-au-Tonnerre sur la Côte-Nord. Sa mère était elle aussi accordéoniste. Il s'installa à Québec où il travaillait au port comme débardeur, accompagnait parfois la populaire chanteuse Madame Bolduc et jouait dans les émissions radiophoniques bien aimées *Les Montagnards laurentiens* et *Soirée canadienne*. Il composa de nombreuses pièces et enregistra quelques disques sur 78 tours. Il joua aussi dans des groupes au piano, à l'harmonica et au violon. En tant qu'un des premiers partisans d'un style d'accordéon orné que l'on trouve aujourd'hui encore dans la région de Québec, T. Duguay a grandement influencé les artistes de musique traditionnelle.

Théodore Duguay (1904-1950), an accordionist, was born in Rivière-au-Tonnerre on the remote Côte-Nord; his mother was also an accordionist. He moved to Québec City and worked as a stevedore at the port, accompanying on occasion the popular singer Madame Bolduc, and playing on the well-loved radio broadcasts *Les Montagnards laurentiens* and *Soirée canadienne*. He composed many tunes, and recorded a few 78-rpm records. As a band member he also played piano, harmonica and fiddle. As an early proponent of an ornate accordion style that endures in the Québec City region today, Duguay was a major influence on traditional players.

46 Reel Saint-Jean

Tiré du répertoire de Théodore Duguay. Cette version est transcrite d'après Martin Racine et Yves Lambert dans *La traversée de l'atlantique* de La Bottine souriante. La version personnelle de T. Duguay, ainsi que celle de Jos Bouchard intitulée le **Reel de la Catalogne**, se trouvent dans le livre de JP Joyal, *Dances d'ici*.

Conseils de style : Les accordéonistes peuvent jouer la partie B une octave plus haut.

From the repertoire of Théodore Duguay. This version is from Martin Racine and Yves Lambert on La Bottine souriante: *La traversée de l'atlantique* (tr. crossing the Atlantic). Duguay's own version (as well as a version from Jos Bouchard entitled **Reel de la Catalogne**) can be found in Joyal's book, *Dances d'ici*.

Style tip: Accordionists can play the B part an octave higher.

L'enregistrement 78 tours de Duguay a été réédité dans *Masters of French Canadian Music, vol. 4*. Aussi *Québec pure laine* de Richard Forest et Yvon Cuillerier

Duguay's 78-rpm recording was reissued on *Masters of French Canadian Music, vol. 4*. Also on Richard Forest and Yvon Cuillerier: *Québec pure laine*.

Georges Ferland

Georges Ferland est un violoneux de St-Sylvestre, Lotbinière.   **Georges Ferland** is a fiddler from St-Sylvestre, Lotbinière.

47 Danse du barbier or Danse du sauvage (tr. barber's dance or Indian dance)

Cette version est interprétée par Georges Ferland et a été transcrite par Lisa Ornstein d'après un enregistrement d'archives. La variation de la partie B vient de Lisa Ornstein : *Les Danseries de Québec...de l'autre bord de l'eau*. Cette pièce accompagne une pantomime comique autrefois populaire et dansée dans le Canada français et la Nouvelle Angleterre franco-américaine. Dans une version donnée de cette pantomime, un chasseur dansant la gigue armé d'un fusil poursuit, tue et dépèce un ours, un élan ou caribou, interprété par une autre personne qui bondit, tandis que des enfants jouent le rôle des chiens de chasse. Dans une autre version, un barbier dansant la gigue commence par raser la barbe d'un client et finit par l'éviscérer. Un « Indien » a quelques fois le rôle du barbier ou du client. Dans chaque version, une scène finale est parfois ajoutée lors de laquelle un nouveau personnage, souvent une femme, réanime la victime par des actions scatologiques telles que lui péter en pleine figure. La tradition de la mascarade pantomimesque de la chasse d'un animal est documentée dès 1444 dans les Pyrénées françaises ainsi qu'en Allemagne, Suisse, Hongrie, ex- Tchécoslovaquie et Roumanie. Un film de 1980 de Lavalette et Lajoue intitulé *La danse de l'ours* compare un version de Beauce (Québec) à une des Pyrénées. La pièce qui accompagne la danse est connue dans tout le Québec. Sa métrique particulière et par-dessus tout sa structure mélodique suggèrent fortement une origine française.

Conseils de style : Accentuez les 2e, 4e, et 5e notes de chaque mesure. Ces accents coïncident avec les bourdons.

This version is from Georges Ferland, transcribed by Lisa Ornstein from an archival recording. The B variation is from Lisa Ornstein: *Les Danseries de Québec...de l'autre bord de l'eau*. The tune accompanies a comic pantomime dance which was popular in French Canada and Franco-American New England. In one variation of the pantomime, a step-dancing hunter armed with a broom-handle gun pursues, kills and guts a bear, moose or caribou, played by another person who lopes about. Children play the role of hunting dogs. In another variation, a step-dancing barber begins by shaving a client's beard and ends by eviscerating him. An "Indian" is sometimes cast in the role of barber or client. In either variation, a closing scene is sometimes added where a new character, often a woman, revives the victim with some scatological action, such as farting in his face. The tradition of a pantomime masquerade of an animal hunt has been documented as early as 1444 in the French Pyrénées, and also in Germany, Switzerland, Hungary, the former Czechoslovakia and Romania. A 1980 French film by Lavalette and Lajoue entitled *La danse de l'ours* (tr. bear dance) compares a Beauce, Québec, version with one from the French Pyrénées. The tune that accompanies the dance is known all across Québec, and its distinctive meter and overall melodic structure stongly suggest a French origin.

Style tip: Accent the second, fourth and fifth quarter notes of each bar. These accents coincide with the drones.

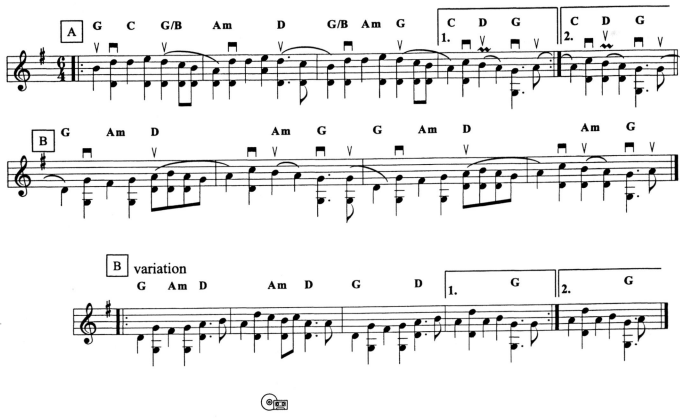

C'est dans la Nouvelle France.

Firmin Francoeur

Firmin Francoeur : musicien de Mont-Louis en Gaspésie, né aux environs de 1913. Il interprète le **Reel des vieux** sur un enregistrement (1955) provenant d'une collecte du folkloriste Germain Lemieux.

Firmin Francoeur: a musician from Mont-Louis, Gaspésie, born about 1913. He played **Reel des vieux** on a 1955 field recording made by folklorist Germain Lemieux.

48 Reel des vieux (tr. reel of the old ones)

Tiré du répertoire de Firmin Francoeur. Cette version est transcrite d'après Martin Racine dans *La traversée de l'Atlantique* de La Bottine souriante.

Conseils de style : Accord violon la-ré-la-mi. Utilisez de temps en temps quelques bourdons, généralement à une corde plus basse.

From the repertoire of Firmin Francoeur. This version is from Martin Racine on La Bottine souriante: *La traversée de l'Atlantique.*

Style tips: Fiddle tuning A-D-A-E. Use occasional open string drones, usually on a lower string.

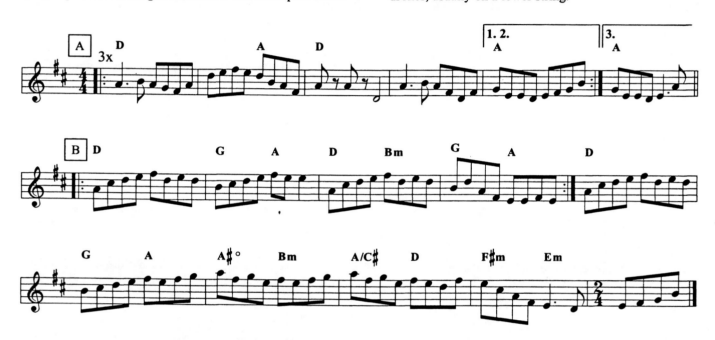

Aimé Gagnon

Aimé Gagnon (1921-1997) est un violoneux, chanteur et conteur d'histoires, originaire de St-Louis-de-Lotbinière. Son père et grand-père, tous deux violoneux, lui enseignèrent de nombreuses pièces locales. A. Gagnon possède un répertoire vaste et coloré dont les racines pourraient peut-être remonter au 18e siècle en France. Il était souvent amené à voyager au Canada et aux États-Unis pour jouer et enseigner. Le violoneux Claude Méthé écrivit à la mort de cet ami et mentor de 23 années que, parmi les pièces de son répertoire, celles qu'il tient d'A. Gagnon lui sont les plus chères. C. Méthé cite A. Gagnon : « Quand j'étais jeune, je jouais le violon pour faire danser dans les maisons, n'importe quel soir de la semaine. C'était la façon de fréquentage acceptée par la communauté. » [Bulletin de la Société pour la promotion de la danse traditionnelle québécoise].

Aimé Gagnon (1921-1997) was a fiddler, singer and story-teller from St-Louis-de-Lotbinière. He learned many local tunes from his father and grandfather, both fiddlers. Gagnon had a colorful and vast repertoire with roots stretching back perhaps to 18th-century France. He traveled to perform and teach across Canada and the U.S. Fiddler Claude Méthé wrote after Gagnon's death that the tunes he learned from Gagnon, his friend and mentor for 23 years, are the most precious in his repertoire. Méthé quotes Gagnon: "When I was young, I played the fiddle for dances in houses, no matter which night of the week. It was the way of visiting accepted by the community." [from the newsletter of the Société pour la promotion de la danse traditionnelle québécoise]

49 Reel à Raymond

Tiré du répertoire d'Aimé Gagnon. Cette version est transcrite d'après Lisa Ornstein : *Danseries de Québec...de l'autre bord de l'eau.*

From the repertoire of Aimé Gagnon. This version is from Lisa Ornstein: *Les Danseries de Québec...de l'autre bord de l'eau.*

Conseils de style : Accord du violon la-mi-la-mi. Bourdons quasi permanents.

Style tip: Fiddle tuning A-E-A-E. Drone open strings almost continually.

Note d'accompagnement : À accompagner de tapements de pieds plutôt qu'avec un instrument d'accompagnement.

Accompaniment note: May sound best accompanied by foot-tapping rather than chords.

Nightingale: *The Coming Dawn.*

50 Reel de la bourgeoise (tr. townswoman's reel)

Extrait du répertoire d'Aimé Gagnon. Cette version provient des *Danseries de Québec...de l'autre bord de l'eau* de Lisa Ornstein.

From the repertoire of Aimé Gagnon. This version is from Lisa Ornstein: *Les Danseries de Québec...de l'autre bord de l'eau.*

William Gagnon

William Gagnon (1901-1979) était un violoneux, danseur de gigue et charpentier de Jonquière-Nord, situé près de Chicoutimi. Son père jouait aussi du violon et William fit ses débuts aux veillées et mariages locaux. Il joua par la suite dans divers groupes et participa pendant dix ans au Carnaval de Jonquière-Nord. Son répertoire est caractéristique de la région de Saguenay.

William Gagnon (1901-1979) was a fiddler, step-dancer and carpenter from Jonquière-Nord, near Chicoutimi. His father played the fiddle, and William got his start by playing for local weddings and dances. Later he played in various groups, and performed for ten years at the Carnaval de Jonquière-Nord. His repertoire was characteristic of the Saguenay region.

51 Le brandy

Tiré du répertoire de William Gagnon. Cette version est transcrite d'après le violoneux Michel Bordeleau de La Bottine souriante : *Jusqu'aux p'tites heures*, qui l'a apprise de Michel Faubert. **Le Brandy** est une danse giguée originaire des îles britanniques, qui est connue au Québec depuis 1880 ou peut-être même plus tôt. **Le Brandy** se pratique par couples en formation en colonnes. Selon Louis Boudreault, cette danse pouvait durer jusqu'à une heure et aucunes fêtes ne pouvaient être réussies sans elle. **Le Brandy** est apparenté à la pièce écossaise **Strip the Willow** et à l'air anglais **Drops of Brandy**. La mélodie, jouée rapidement avec un rythme enlevant, est, depuis quelques années, aussi utilisée comme accompagnement de gigues solo. Bien que nous ayons rencontré plusieurs versions du **Brandy** jouées en tonalité ré, sol est la tonalité habituellement adoptée par les violoneux.

Conseils de style : Au violon, bourdons quasi permanents.

Note d'accompagnement : À accompagner de tapements de pieds plutôt qu'avec un instrument d'accompagnement.

From the repertoire of William Gagnon. This version (via fiddler Michel Faubert) is from Michel Bordeleau on La Bottine souriante: *Jusqu'aux p'tites heures* (tr. 'til the wee hours). **The Brandy** is a dance with step-dancing of British Isles origin but danced in Québec from the 1880s or earlier. It is danced by couples in longways sets. According to Louis Boudreault, it could last for an hour, and no party was complete without it. The dance is related to the Scottish **Strip the Willow** and the English **Drops of Brandy**. The tune, played fast with a driving rhythm, is also used to accompany a solo step-dance. We have heard several versions of the **Brandy** in the key of D as well, but G is the traditional key for fiddlers.

Style tip: On fiddle, drone the open strings throughout.

Accompaniment note: May sound best accompanied by foot-tapping rather than chords.

Pierre Chartrand (danseur), Vincent Ouellet (violon), Denis Pépin (piano),
Michel Faubert (violon), Philippe Bruneau (accordéon), c. 1990, Hull

Le brandy

Cette version peut être entendue dans *Magie* des Frères Brunet. D'autres versions ont été enregistrées dans *Old-Time Fiddler of Chicoutimi, Québec* de Louis Boudreault ; *Les Danseries de Québec...de l'autre bord de l'eau* d'Ornstein/Pépin ; *Philippe Bruneau* (Philo 2003) ; *Nouvelles manigances* de Manigance ; *Quand l'vent vire de côté* des Frères Labri ; et *Au tour du flageolet* de Daniel Roy. Isidore Soucy enregistra lui aussi trois versions sur 78 tours entre 1926 et 1931.

This version can be heard on Les Frères Brunet: *Magie*. Other versions can be found on Louis Boudreault: *Old-Time Fiddler of Chicoutimi, Québec*; Ornstein/Pépin: *Les Danseries de Québec...de l'autre bord de l'eau*; Philippe Bruneau (Philo 2003); Manigance: *Nouvelles manigances*; Les Frères Labri: *Quand l'vent vire de côté*; Daniel Roy: *Au tour du flageolet*. Also Isidore Soucy recorded it three times on 78-rpm between 1926 and 1931.

52 La cardeuse (tr. the wool-carding woman)

Cette version, issue des *Danseries de la belle province* de Lisa Ornstein, est un amalgame de deux sources différentes : la première et 3e parties proviennent de William Gagnon et celle du milieu de Louis Boudreault. Cette pièce accompagne un cotillon de la région du Saguenay. Le titre fait référence aux mouvements des danseurs qui font mine de carder la laine, imitant le mouvement des brosses métalliques peignant la laine.

Conseils de style : Bourdons quasi permanents, des cordes inférieures. Jouez les noires en staccato, tout particulièrement sur les mesures 2, 4, etc.

This version, from Lisa Ornstein: *Danseries de la belle province*, is an amalgamation from two sources: the first and third parts are from William Gagnon and the middle part from Louis Boudreault. This tune is used for a cotillion in the Saguenay region. The title refers to the movement of the dancers, which imitates carding of wool, in which the fibers are combed straight between two wire brushes.

Style tips: Drone the lower strings throughout. Play quarter notes staccato, especially in measures 2, 4, etc.

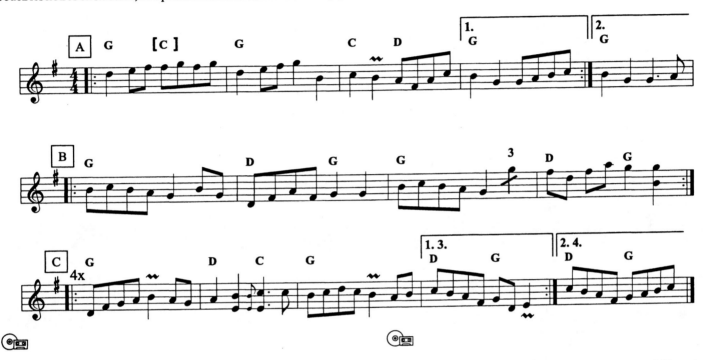

Old-Time Fiddler of Chicoutimi, Québec de Louis Boudreault ; *Au tour du flageolet* de Daniel Roy ; *Accordéons diatoniques* interprété par Gaétan Girard. La version de Philippe Bruneau extraite du livre de Carmelle Bégin est en tonalité de ré.

Louis Boudreault: *Old-Time Fiddler of Chicoutimi, Québec*; Daniel Roy: *Au tour du flageolet; Accordéons diatoniques*, played by Gaétan Girard. Philippe Bruneau's version, from Carmelle Bégin's book, is in the key of D.

Joseph Guilmette

Joseph Guilmette (1886-1950) apprit l'accordéon auprès de son père. Né à Natashquan, un village éloigné de la Côte-Nord, il déménage à Rimouski en 1910 où il enregistre des disques 78 tours dans les années 30. Il était assez bien connu pour son répertoire varié et son impressionnant niveau technique. Durant la seconde guerre mondiale, il se produisit dans les camps militaires de tout le pays.

Joseph Guilmette (1886-1950) learned accordion from his father. He was born in Natashquan, a remote village on the Côte-Nord, but he moved to Rimouski in 1910, where he recorded 78-rpm records in the 1930s and was quite well known for his varied repertoire and impressive technique. During the second world war he entertained the troops in military camps all around the country.

53 Valse-clog Guilmette

Tiré du répertoire de Joseph Guilmette. Cette version est transcrite d'après l'accordéoniste Normand Miron de Sainte-Béatrix, situé près de Joliette. Reportez-vous à l'introduction pour une description de la valse-clog. Les musiciens mélangent souvent cette pièce avec le **Valse-clog Lacroix** (pièce 55).

Conseils de style : Utilisez comme introduction les quatre dernières mesures de la partie A. Les croches sont généralement jouées de manière égale, agrémentées d'un peu de « swing ». La première note de la phrase est parfois anticipée (jouée avant le premier temps).

From the repertoire of Joseph Guilmette. This version is from accordionist Normand Miron of Sainte-Béatrix, near Joliette. See Introduction for a description of the waltz-clog. Players often medley this tune with **Valse-clog Lacroix** (#55).

Style tip: Use last four measures of A part as an introduction. Eighth notes are generally played evenly, but with occasional swing. The first note of the phrase is sometimes anticipated (played before the downbeat).

L'enregistrement original de Joseph Guilmette gravé sur 78 tours a été réédité dans *Masters of French Canadian Music vol. 4*. Aussi dans *Philippe Bruneau* (Philo 2003).

Joseph Guilmette's original recording on 78-rpm was re-released on *Masters of French Canadian Music vol. 4*. Also on *Philippe Bruneau* (Philo 2003).

Gabriel Labbé

Gabriel Labbé joue de l'harmonica, est chercheur et collectionneur d'objets (disques, photos, articles, etc). Né à Rimouski en 1938, il vit à Montréal depuis 1964. Il a écrit deux livres sur l'histoire de la musique traditionnelle québécoise enregistrée et a participé à la production de programmes télévisés, de films, de 33 tours et de CD rendant hommage à des artistes québécois tels que Jean Carignan et Alfred Montmarquette. Son répertoire comprend des pièces irlandaises, écossaises et québécoises.

Gabriel Labbé is a harmonica-player, writer and collector of musical artifacts (phonograph records, photos, articles, etc). Born in Rimouski in 1938, he has lived in Montréal since 1964. He has written two books about the history of recorded traditional music in Québec and assisted in the production of TV shows, films, LPs and CDs honoring the music of early recording artists in Québec such as Jean Carignan and Alfred Montmarquette. Labbé's harmonica repertoire includes Irish and Scottish as well as québécois tunes.

54 Valse de mon père (tr. my father's waltz)

Tiré du répertoire de Gabriel Labbé qui apprit cette pièce de son père. Jouée en sol par G. Labbé, cette version de Lisa Ornstein est interprétée en ré.

From the repertoire of Gabriel Labbé, who learned the tune from his father. Labbé plays it in the key of G. This version in the key of D is from Lisa Ornstein.

Conseils de style : Jouez des croches de manière égale.

Style tip: Play with even eighth notes.

Gabriel Labbé: *Masters of French Canadian Dance, vol. 3.*

Henri Lacroix

Henri Lacroix (1895-1962) est un joueur d'harmonica de Montréal ayant influencé plusieurs musiciens. Après 7 années passées dans la marine britannique et durant lesquelles il joua dans des concerts de marine en Angleterre, il revint à Montréal où il enregistra plus d'une centaine de disques 78 tours en compagnie de divers musiciens dont Isidore Soucy. H. Lacroix joue de la guimbarde et est aussi chanteur-compositeur.

Henri Lacroix (1895-1962) was an influential harmonica-player from Montréal. After 7 years in the British Navy, during which he played in Navy concerts in England, he returned to Montréal, where he recorded over 100 78-rpm records with various musicians, including Isidore Soucy. He was also a singer, songwriter and jew's-harp player.

55 Valse-clog Lacroix

Tiré du répertoire d'Henri Lacroix, enregistré sur 78 tours. Cette version est transcrite d'après Normand Miron.

From the repertoire of Henri Lacroix, who recorded it on 78-rpm. This version is from Normand Miron.

Philippe Bruneau (Philo 2003).

Henri Landry

Henri Landry est un violoneux de Pontbriand situé près de Thetford Mines. Né en 1923, son frère Joseph lui enseigna le violon. Jouant à des mariages, des bals et autres réunions sociales des communautés francophones et anglophones, H. Landry développa un répertoire irlandais aussi bien que québécois. Il tient la plupart de ses pièces de violoneux locaux et d'airs entendus à la radio et sur des enregistrements. À coté de sa carrière de musicien, il fut aussi charpentier, travailleur dans une mine d'amiante et chauffeur de camion.

Henri Landry is a fiddler from Pontbriand, near Thetford Mines. Born in 1923, he learned to play from his brother Joseph. Playing for weddings, dances and other social events in the French- and English-speaking communities, Landry developed a repertoire of Irish as well as québécois tunes, learned from other local fiddlers and to a lesser extent from radio and records. Over the years he worked as a carpenter, asbestos miner and truck driver.

56 Reel du gaucher (tr. left-hander's reel)

Tiré de l'album Philo d'Henri Landry sorti en 1973. H. Landry tient cette pièce d'un vieil excentrique et pauvre violoneux dénommé Thomas « Quêteux » Pomerleau. La variation est de Mario Gervais qui l'interprète sur le disque *Au tour du flageolet* de Daniel Roy.

From Henri Landry's 1973 self-titled Philo LP. Landry learned this tune from a kindly, poor, eccentric old fiddler, Thomas «Quêteux» Pomerleau. The variation is from fiddler Mario Gervais, on Daniel Roy: *Au tour du flageolet.*

Note d'accompagnement : Omettre la tierce de l'accord de la dans la partie A, qui est en mode mixolydien, peut êtrre avantageux.

Accompaniment note: Leaving out the 3rd of the A chords in the A part, which is in mixolydian mode, may sound effective.

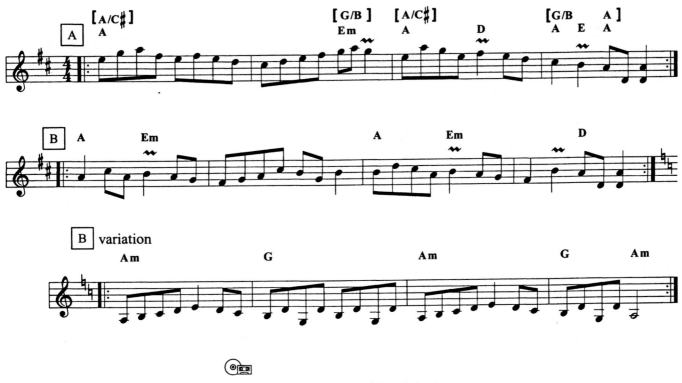

Lisa Ornstein: *Danseries de la Belle Province.*

Gilles Laprise

Gilles Laprise : accordéoniste de Breakeyville situé sur la rive-sud de la ville de Québec.

Gilles Laprise: an accordionist from Breakeyville, near Québec City.

57 Reel en ré (in D)

Tiré du répertoire de Gilles Laprise. Cette version provient des *Danseries de la belle province* d'Ornstein/Pépin.

From the repertoire of Gilles Laprise. This version is from Ornstein/Pépin: *Danseries de la belle province.*

Robert Lasanté

Robert Lasanté : violoneux de la région de l'Abitibi-Témiscamingue.

Robert Lasanté: A fiddler from the Abitibi-Témiscamingue region.

58 Gigue

Extrait du répertoire de Robert Lasanté. Cette version provient des *Danseries de Québec...de l'autre bord de l'eau* d'Ornstein/Pépin.

From the repertoire of Robert Lasanté. This version is from Ornstein/Pépin: *Les Danseries de Québec...de l'autre bord de l'eau.*

La Bottine souriante: *Je voudrais changer d'chapeau*; Daniel Roy: *Au tour du flageolet.*

Normand Legault

Normand Legault est un gigueur, calleur, joueur d'os et accordéoniste qui vit à Breakeyville situé sur la rive-sud de la ville de Québec. Début années 90 et ce durant plusieurs années, il dirigea le Centre de valorisation du patrimoine vivant de Québec. Ce centre a pour but de protéger, développer et promouvoir l'héritage vivant du Québec. N. Legault a largement voyagé aux États-Unis et à l'étranger en tant que danseur et professeur.

Normand Legault is a step-dancer, dance caller, bones-player and accordionist who lives in Breakeyville, south of Québec City. For several years in the early 1990s he was the director of the Centre de valorisation du patrimoine vivant, a folk-art center in Québec City which has the goal of preserving, developing and promoting the living heritage of Québec. As a dance performer and teacher, Legault has traveled widely in the U.S. and overseas.

59 Première partie du lancier (tr. first part of Lancers)

Mélodie provenant de l'Île d'Orléans, version de Normand Legault.   From Île d'Orléans, version from Normand Legault.

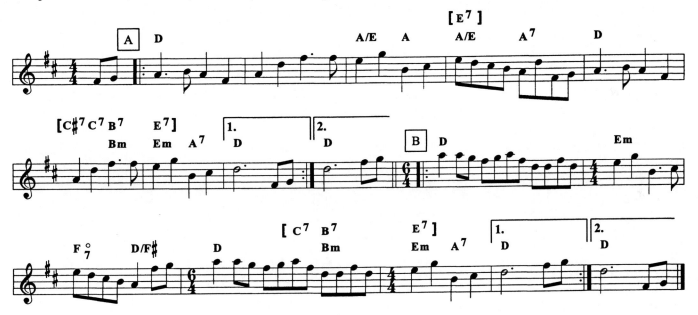

Fortunat Malouin

Fortunat Malouin (1870-1935) est un violoneux de Québec. Sa mère lui enseigna le violon et il fut, dès sa jeunesse, connu comme violoneux traditionnel. En 1928, F. Malouin, accompagné au piano de sa fille, enregistra 10 pièces sur 78 tours à New York. Également compositeur, il nommait ses pièces d'après des endroits visités lors de tournées effectuées dans le cadre de son travail de commis voyageur. Jos Bouchard popularisa certaines de ses pièces dans les années quarante. Doué du don d'improvisation, F. Malouin variait ses mélodies de telle manière qu'il inventait de nouvelles pièces sur le moment.

Fortunat Malouin (1870-1935) was a fiddler from Québec City. He learned from his mother and at a young age became known as a traditional fiddler. Malouin recorded 10 tunes on 78-rpm in 1928 in New York, accompanied on piano by his daughter. He was a tunesmith as well, and he found names for his tunes in the places he visited in his work as a travelling salesman. Jos Bouchard popularized some of his compositions in the 1940s. Malouin had an improvisatory style, varying his melody lines and inventing new tunes on the spot.

60 La ronde des voyageurs (tr. travelers' round dance)

Tiré du répertoire de Fortunat Malouin. Cette version provient du violoneux Vincent Ouellet du groupe Éritage, de leur album *La ronde des voyageurs*.

From the repertoire of Fortunat Malouin. This version is from fiddler Vincent Ouellet of the group Éritage, on their album *La ronde des voyageurs*.

Conseils de style : Vincent Ouellet joue cette pièce accompagnée de bravado, vibrato et swing!

Style tips: Vincent Ouellet plays this tune with bravado, vibrato and swing!

78 tours de Fortunat Malouin ; *Raynald Ouellet & Marcel Messervier, Jr., Vol 1.* ; *Reflets du passé* de Jean-Marie et Martin Verret. La version des Verrets comporte plus de double cordes et moins de croches que la version ci-transcrite.

Fortunat Malouin, 78-rpm; *Raynald Ouellet & Marcel Messervier, Jr., vol 1.*; Jean-Marie and Martin Verret: *Reflets du passé.* The Verret version has more double stops and fewer eighth notes than the version transcribed here.

Lucien Mirandette

Lucien Mirandette (1924-1993) est un violoneux de St-Cutbert de la région de Lanaudière. Il emménagea à Joliette où il avait un emploi de contremaître dans une usine de ciment. Il apprit son répertoire auprès de violoneux de la famille Brunelle de St-Cutbert et jouait dans un groupe avec ses frères à l'occasion de mariages et de veillées. Il fabriqua également plusieurs violons. Dans les quatre années suivant le début de sa retraite, il continua de jouer régulièrement et légua son répertoire à son neveu Jean-Claude Mirandette.

Lucien Mirandette (1924-1993) was a fiddler from St-Cutbert in the Lanaudière region. He moved to Joliette and worked as a foreman in a cement factory. He learned his repertoire from fiddlers in the Brunelle family in St-Cutbert, and was in a band with his brothers. He played for weddings and dances, and built several violins as well. During the four years after his retirement he played constantly, and passed on some of his repertoire to his nephew Jean-Claude Mirandette.

61 La bonne-femme Noël (tr. Noël's wife)

De Lucien Mirandette.

Conseils de style : Au violon, bourdons complets en ré et sol.

Note d'accompagnement : À accompagner de tapements de pieds plutôt qu'avec des instruments d'accompagnement.

From Lucien Mirandette.

Style tip: On fiddle, drone D and G strings throughout.

Accompaniment note: May sound best accompanied by foot-tapping rather than chords.

Les frères Labri: *Quand l'vent vire de côté.*

62 Saut du lapin no. 2 (tr. rabbit's jump)

De Lucien Mirandette. C'est une des deux pièces ayant le même titre dans ce livre. Aussi connu comme **La claqueuse**, ou **La pèteuse**.

Conseils de style : Le saut du lapin est imité au violon par l'emploi d'un pizzicato sur la corde de mi exécuté avec un doigt de la main gauche aux endroits indiqués par le symbole +. Bourdons en ré et sol dès que possible.

From Lucien Mirandette. This is one of two tunes with the same title in this book. Also called **La claqueuse** (tr. woman who claps) or **La pèteuse** (tr. woman who farts).

Style tips: The rabbit's hop is imitated on the fiddle by plucking the E string with the left hand at the symbol +. Drone open D and G strings whenever possible.

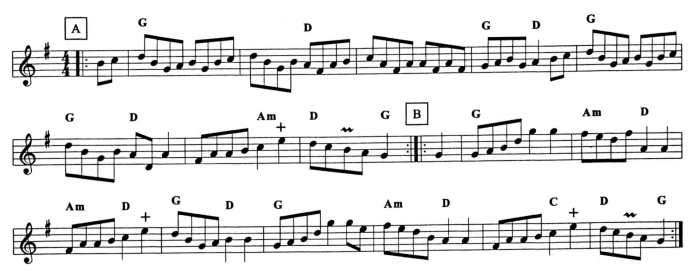

Alfred Montmarquette

Alfred Montmarquette (1871-1944) est un virtuose de l'accordéon. Né à New York, il visita souvent le Québec et emménagea à Montréal en 1907. De 1923 à 1932, il participa régulièrement aux spectacles « Les soirées du bon vieux temps » organisées par l'artiste de folklore Conrad Gauthier au théâtre de Montréal. Il enregistra plus de soixante 78 tours entre 1928 et 1932, dont plusieurs en compagnie de la célèbre chanteuse Madame Bolduc. Malgré la popularité de sa musique et son succès, il eut une vie assez misérable, solitaire et buvant plus que de raison. Il errait dans les rues où il jouait de l'accordéon et attirait les foules créant ainsi des embouteillages.

A. Montmarquette joue avec brio et possède un répertoire urbain peu commun qui inclut de nombreuses valses, des polkas, des marches (la musique populaire des fanfares de l'époque) ainsi que des 6/8 et reels plus anciens. Son héritage est constitué d'une discographie impressionnante qui a influencé le répertoire de nombreux accordéonistes québécois. Il utilisait un accordéon à rangée en la, tonalité fort populaire au début du siècle.

Alfred Montmarquette (1871-1944) was a virtuoso accordionist. Born in New York City, he often visited Québec province, and he moved to Montréal in 1907. From 1923 to 1932, he participated regularly in shows, «Les soirées du bon vieux temps» (tr. good old-time evening parties), organized by folklorist Conrad Gauthier in a theatre in Montréal. He recorded more than sixty 78-rpm records between 1928 and 1932, several of which were with the popular singer, Madame Bolduc. Despite his popularity and success as a musician, he lived rather miserably, alone and drinking heavily. He wandered the streets playing his accordion, attracting crowds and causing traffic jams.

Montmarquette had a dashing style and an original and unusual urban repertoire that included many waltzes, polkas and marches (the popular brass band music of the time) as well as older 6/8s and reels. His legacy is an impressive discography that has influenced the repertoire and style of many of Québec's accordion players. He used an A-row accordion, an instrument popular at the beginning of the century.

63 Clog de Pariseau

Tiré du répertoire d'Alfred Montmarquette, enregistré sur 78 tours. Cette version est transcrite d'après Raynald Ouellet, *La ronde des voyageurs* du groupe Éritage. Cette pièce est dédiée à l'accordéoniste Louis-Philippe Pariseau, un ami de longue date d'A. Montmarquette.

Conseils de style : Jouez les noires non-ornées en staccato.

From the repertoire of Alfred Montmarquette, who recorded it on 78 rpm. This version is from Raynald Ouellet, on Éritage: *La ronde des voyageurs*. The tune is a tribute to accordionist Louis-Philippe Pariseau, a long-time friend of Montmarquette.

Style tip: Play unornamented quarter notes staccato.

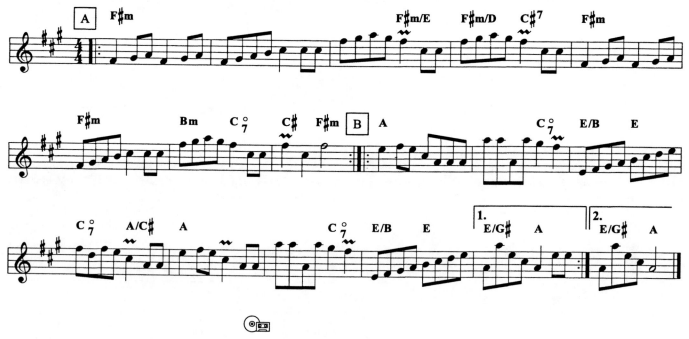

Labbé et al: *Hommage à Montmarquette.*

64 Marche des raquetteurs, version 1 (tr. snowshoers' march)

Nous vous présentons ici deux versions. La première, du répertoire d'Alfred Montmarquette, est transcrite d'après Vincent et Raynald Ouellet dans l'album d'Éritage : *La ronde des voyageurs.*

Conseils de style : Dans la partie A, jouer les premières noires de la mesure en staccato.

We present two versions here. The first version, from the repertoire of Alfred Montmarquette, is from the playing of Vincent and Raynald Ouellet, on the album Éritage: *La ronde des voyageurs.*

Style tip: In the A part, play the downbeat quarter notes staccato.

65 Marche des raquetteurs, version 2

Cette version en ré a été rééditée à partir du livre *Philippe Bruneau : Musique traditionnelle pour accordéon diatonique*, de Carmelle Bégin (par autorisation du Musée canadien des Civilisations, copyright 1983 Musée canadien des Civilisations.). Dans cette version à trois parties, P. Bruneau a une partie A différente, sa partie B est similaire à celle du groupe Éritage et il utilise comme partie C la partie A d'Éritage.

Structure : A BB C BB A Coda.

This version, in the key of D, is reprinted from the book, *Philippe Bruneau: Musique traditionnelle pour accordéon diatonique*, by Carmelle Bégin (reproduced by permission of the Canadian Museum of Civilization, copyright 1983 Canadian Museum of Civilization.). In this 3-part version, Bruneau has a different A part, the B part is similar to Éritage's B part, and he uses Éritage's A part as a C part. We've added our own chords.

Form: A BB C BB A Coda.

Marche des raquetteurs, version 2

A. Montmarquette enregistra cette pièce deux fois en 1931. Jean- Marie Verret interprète une version de cet air intitulée **Reel Arcène** dans *La famille Verret, vol. 2*.

Montmarquette recorded this tune twice on 78-rpm, both in 1931. Jean-Marie Verret plays a version of the tune on *La famille Verret, vol. 2*, entitled **Reel Arcène**.

Lisa Ornstein

Lisa Ornstein, ethnomusicologue et folkloriste vivant dans la partie nord du Maine, est très connue pour son beau jeu de violon ainsi que pour enseigner et promouvoir la musique traditionnelle du Québec, province où elle vécut durant douze ans. Membre de La Bottine souriante pour une courte période en 1978, elle a participé à trois de leurs albums en tant qu'invité spécial. Elle obtint une maîtrise en folklore de l'Université Laval à Québec en 1985. Sa maîtrise portait sur le violoneux Louis Boudreault. Elle s'intéressa également à la musique de Valcartier, située au nord de Québec, où est établie une communauté écossaise-irlandaise [Voir la famille Corrigan]. Elle travailla avec Danielle Martineau au début des années 80 aux Danseries de Québec. Vers 1986, l'organisation devint le Centre de valorisation du patrimoine vivant et Lisa en prit sa direction. Durant cette période, L. Ornstein enregistra deux cassettes d'importance en compagnie de l'accordéoniste Denis Pépin et le pianiste Yvan Brault. Ces cassettes, de même que les enregistrements que nous avons nous-mêmes recueillis quand elle jouait à l'Ashokan Fiddle and Dance Camp (Northern Week) vers la fin des années 80, sont la source de près d'un quart des pièces de ce livre. Merci, Lisa!

L. Ornstein est actuellement directrice des Archives Acadiennes de l'Université du Maine, située à Fort Kent. Elle retourne de temps en temps au Québec pour des enregistrements ou des représentations.

Lisa Ornstein, an ethnomusicologist and folklorist living in northern Maine, is well known for her beautiful fiddling and for her teaching and advocacy of the traditional music of Québec, where she lived for twelve years. She was a member of La Bottine souriante for a short period in 1978, and appears on three of their albums as a guest musician. She received her M.A. in folklore from Laval University in Québec City in 1985, where she wrote her thesis about fiddler Louis Boudreault. Another focus of her research was the music of Valcartier, a Scots-Irish community north of Québec City [see Corrigan Family]. She worked with Danielle Martineau in the early 1980s at the Québec City folk-arts center, Les Danseries de Québec. Around 1986 Lisa became its director, and the organization changed its name to Centre de valorisation du patrimoine vivant. During this period Ornstein made two influential recordings of québécois music with accordionist Denis Pépin and pianist Yvan Brault. These recordings, as well as recordings we made ourselves of her playing at Ashokan Fiddle and Dance Camp (Northern Week) in the late 1980s, are our source for about one quarter of the tunes in this book. Thank you, Lisa!

Currently Ornstein is director of the Acadian Archives of the University of Maine at Fort Kent. She occasionally returns to Québec to make recordings and perform.

Lisa Ornstein

66 Reel du Faubourg

Cette version provient de Lisa Ornstein.

This version is from Lisa Ornstein.

Isidore Soucy l'enregistra trois fois sur 78 tours entre 1930 et 1932 ce qui révèle une certaine popularité ; Jos Bouchard une fois sur 78 tours en 1951. Aussi sur *Québec pure laine* de Richard Forest et Yvon Cuillerier.

Isidore Soucy recorded it on 78-rpm three times between 1930 and 1932, perhaps an indication of its popularity. Jos Bouchard recorded it on 78 rpm in 1951. Richard Forest and Yvon Cuillerier: *Québec pure laine*.

Vincent Ouellet

Vincent Ouellet est un violoneux vivant aujourd'hui à Beaumont situé près de Québec et qui naquit non loin de là, à Lauzon, en 1964. Il fut influencé par son grand-père violoneux, Viateur, et par les enregistrements d'Allard, Bouchard et Carignan. En 1981, il joignit le groupe fort populaire Éritage (1977-1985), qui enregistra deux albums et réalisa plusieurs tournées au Canada et à l'étranger.

Vincent Ouellet is a fiddler now living in Beaumont, near Québec City. He was born in 1964 in Lauzon, also near Québec. He was influenced by his grandfather Viateur, a fiddler, and by recordings of Allard, Bouchard and Carignan. In 1981 he joined the popular group Éritage, which made two recordings and toured the festival circuit in Canada and internationally from 1977-1985.

67 La grondeuse (tr. the grumbling woman)

Omniprésente au Canada sous de nombreuses versions, cette pièce est ici interprétée par Vincent Ouellet dans *La ronde des voyageurs* du groupe Éritage sous le titre de **La gigue du grand slaque**, en référence à la taille du gigueur d'Éritage, Benoît Bourque. Les titres d'autres versions : **La grondeuse, la chicaneuse, la marmotteuse** et **la disputeuse** évoquent tous une dispute. Les deux parties de la pièce, l'une haute et l'autre basse, imitent les voix d'un homme et d'une femme. (Voir aussi pièces 45 et 74.)

Conseils de style : Accord du violon la-ré-la-mi. Utilisez quasi en continuité des bourdons en la et ré, tout spécialement dans les parties A et B. L'effet de « grondement » s'obtient en faisant sonner simultanément les cordes de sol (accordée en la) et de ré.

Note d'accompagnement : À accompagner de tapements de pieds plutôt qu'avec des instruments d'accompagnement.

Ubiquitous in Canada in many versions, this one comes from Vincent Ouellet on Éritage: *La ronde des voyageurs*, with the title **La gigue du grand slaque** (Big Guy's Step-dance), which referred to Éritage's tall step-dancer, Benoît Bourque. The related tune titles **grondeuse, chicaneuse** (quarrelling woman), **marmotteuse** (muttering woman) and **disputeuse** all evoke an argument, with the two parts of the tune, high and low, representing the voices of a man and a woman. (See also #45 and #74.)

Style tips: Fiddle tuning A-D-A-E. Use open A and D drones almost continually, especially in A and B parts. The low A and D strings sounding together help produce the grumbling effect.

Accompaniment note: May sound best accompanied by foot-tapping rather than chords.

Cette version est interprétée par Laurie Hart dans *Gravity Hill*. La version d'André Alain extraite de son album *Violoneux de St-Basile de Portneuf*, mélange les parties A et B de cette version avec la partie A du **Reel à Raymond** (pièce 49). L'air d'Alain peut être aussi entendu dans *Magie* des frères Brunet.

This version appears on Laurie Hart: *Gravity Hill*. André Alain's version, on his album *Violoneux de St-Basile de Portneuf*, mixes the A and B parts of this version with the A part of a different tune, **Reel à Raymond** (see #49). Alain's version can also be heard on Les frères Brunet: *Magie*.

Éritage, 1979: Yvan Brault, Guy Berniquez, Raynald Oullet, Jean-Pierre Joyal, Marc Benoit

Edmond Pariso

Né à Val-Jalbert de Lac-St-Jean en 1923, **Edmond Pariso**, ou Pariseau, est un violoneux vivant à Sainte-Foy, commune voisine de Québec. Début des années 50, il enregistra 28 mélodies sur 78 et 45 tours et dont certaines sont de sa propre composition. Fin des années 50, il se produisait chaque semaine dans une émission de télévision. Un accident de mine lui ayant fait perdre une phalange de son majeur gauche, il cessa de jouer du violon pendant 17 ans (il jouait de la basse pendant cette période) jusqu'à ce qu'il eut envie de s'y remettre après avoir rencontré un violoneux auquel il manquait deux doigts. E. Pariso a un style éblouissant, fou et insouciant ainsi qu'un remarquable coup d'archet, écrivit Gabriel Labbé.

Edmond Pariso, or Pariseau, is a fiddler now living in Sainte-Foy, adjacent to Québec City. He was born in Val-Jalbert on Lac-St-Jean in 1923. He recorded 28 melodies, including some of his own compositions, on 78- and 45-rpm in the early 1950s. In the late 1950s he played on a weekly TV show. A mining accident caused him to lose the tip of his left middle finger, and he stopped playing fiddle for 17 years (he played bass during this period) until he was inspired to take it up again after seeing a fiddler play with two fingers missing. Music historian Gabriel Labbé writes that Pariso has a dazzling, wild and reckless style and a remarkable bow arm.

68 Hommage à Edmond Pariso

Tiré du répertoire d'Edmond Pariso, d'après un arrangement de Marcel Messervier. E. Pariso nommait cette pièce **Reel du Commonwealth.** Cette version est transcrite de *Je voudrais changer d'chapeau* de La Bottine souriante.

Conseils de style : Les 2e et 3e notes des partie B et D peuvent être anticipées rythmiquement. Dans l'arrangement d'origine de M. Messervier, les parties sont répétées de manière à comporter 32 mesures chacune.

From the repertoire of Edmond Pariso, arranged by Marcel Messervier. Pariso's title was **Reel du Commonwealth.** This version is from La Bottine souriante: *Je voudrais changer d'chapeau.*

Style tips: The second and third notes of the B and D parts can be anticipated rhythmically. In Messervier's original arrangement, the parts are repeated so as to be 32 bars each.

Denis Pépin

Né en 1962 à St-Raymond, **Denis Pépin** est un accordéoniste et pianiste vivant aujourd'hui à Breakeyville, près de Québec. Il commença à étudier l'accordéon à l'âge de 15 ans, d'abord sur un accordéon à trois rangées puis sur un instrument à une rangée. L'accordéoniste de Portneuf Jean-Claude Petit fut l'un de ses professeurs. Le répertoire de D. Pépin comprend des airs du Québec, d'Irlande, d'Écosse, du Cap Breton, de musette et de musique populaire. Il a plusieurs albums à son actif ainsi qu'un enregistrement vidéo d'apprentissage de l'accordéon. Aussi apprécié en tant que pianiste, il a, entre autres, accompagné Joe Derrane, Jean Carignan et Philippe Bruneau.

Denis Pépin is an accordionist and pianist, born in St-Raymond in 1962, now living in Breakeyville, near Québec City. He began studying accordion at 15 years old, at first on a 3-row accordion, later focusing on a single-row instrument. One of his teachers was Portneuf accordionist Jean-Claude Petit. Pépin's repertoire includes music from the québécois, Cape Breton, Irish, Scottish, musette and pop traditions. He has several recordings and an instructional video for accordion. Also in demand as a piano accompanist, he has backed up Joe Derrane, Jean Carignan and Philippe Bruneau, among others.

69 MacDonald's

Récemment parvenu au Québec, extrait du répertoire du violoneux du Cap Breton Jos Cormier. Cette version vient de Denis Pépin. Mode mixolydien.

A recent arrival in Québec, from the repertoire of Cape Breton fiddler, Jos Cormier. This version is from Denis Pépin. It is in mixolydian mode.

Tout comme au jour de l'an de La Bottine souriante. Une version différente apparaît dans *Sometimes When the Moon is High* de Nightingale. Don Messer avait lui aussi une version qu'il nommait **MacDonald's March** et qui se trouve dans le livre de Perlman portant sur le répertoire de l'Île-du-Prince-Édouard.

La Bottine souriante: *Tout comme au jour de l'an*. A different version appears on Nightingale: *Sometimes when the Moon is High*. Don Messer also had a version he called **MacDonald's March**, a version of which can be found in Perlman's book of Prince Edward Island tunes.

Marc Perreault

Marc Perreault est un violoneux de la région de l'Abitibi-Témiscamingue. Il est admiré pour des ornementations et un maniement de l'archet inhabituels et inventifs.

Marc Perreault is a fiddler from the Abitibi-Témiscamingue region. He is admired for his unusual and inventive bowing and ornamentation.

70 Reel en la (in A)

Cette pièce de Marc Perreault a été recueillie par Claude Méthé en 1978 chez l'artiste à Rouyn-Noranda. C. Méthé, violoneux de Ste-Béatrix, interprète cette pièce dans *L'escapade* de Jeter le Pont.

Conseils de style : Accord du violon la-mi-la-mi. Cordes ouvertes en permanence.

Note d'accompagnement : À accompagner de tapements de pieds plutôt qu'avec des instruments d'accompagnements.

This tune was collected from Marc Perreault at his home in Rouyn-Noranda by Claude Méthé in 1978. Claude, a fiddler from Ste-Béatrix, plays it on Jeter le Pont: *L'escapade*.

Style tips: Fiddle tuning A-E-A-E. Drone open strings continuously.

Accompaniment note: May sound best accompanied by foot-tapping rather than chords.

Lisa Ornstein: *Les Danseries de Québec...de l'autre bord de l'eau.*

Jean-Louis Picard

Jean-Louis Picard est un accordéoniste de St-Jean de l'Île d'Orléans.

Jean-Louis Picard is an accordionist from St-Jean on the Île d'Orléans.

71 Les petites visites (tr. the little visits)

Tiré du répertoire de Jean-Louis Picard. Cette version est transcrite d'après Normand Legault. Le titre de la pièce se rapporte à une partie du quadrille des Lanciers.

From the repertoire of Jean-Louis Picard. This version is from Normand Legault. The tune title refers to a part of a quadrille-formation dance called the Lancers.

Arthur Pigeon

Arthur Pigeon (1884-1966) est un accordéoniste montréalais célèbre. Disciple d'Alfred Montmarquette, Pigeon jouait selon le style urbain d'accordéon développé par son professeur. A. Pigeon produisit trente-quatre disques 78 tours entre 1936 et 1940 en compagnie de son trio violon-piano-accordéon Les Trois copains et de son groupe Le Trio Pigeon. Ses petits-fils, les jumeaux Marcel et Phylias, nés à Montréal en 1931, sont aussi accordéonistes et ont conservé le répertoire de leur grand-père.

Arthur Pigeon (1884-1966) was a famous Montréal accordionist. A disciple of Alfred Montmarquette, Pigeon played in the urban accordion style developed by his teacher. Pigeon made thirty-four 78-rpm records between 1936 and 1940 with his fiddle-piano-accordion trio Les Trois copains (tr. the three buddies) and his group Le Trio Pigeon. His grandsons, twins Marcel and Phylias, are accordionists (born 1931, Montréal) who have kept their grandfather's repertoire alive.

72 Eugène

CD 14

Tiré du répertoire d'Arthur Pigeon, interprété par Marcel et Phylias Pigeon dans *Accordéons diatoniques*. Cette pièce est couramment jouée en si mineur-ré.

Conseils de style : Jouez les noires en staccato.

From the repertoire of Arthur Pigeon, played by Marcel and Phylias Pigeon on *Accordéons diatoniques*. This tune is commonly played in B minor/D.

Style tip: Play quarter notes staccato.

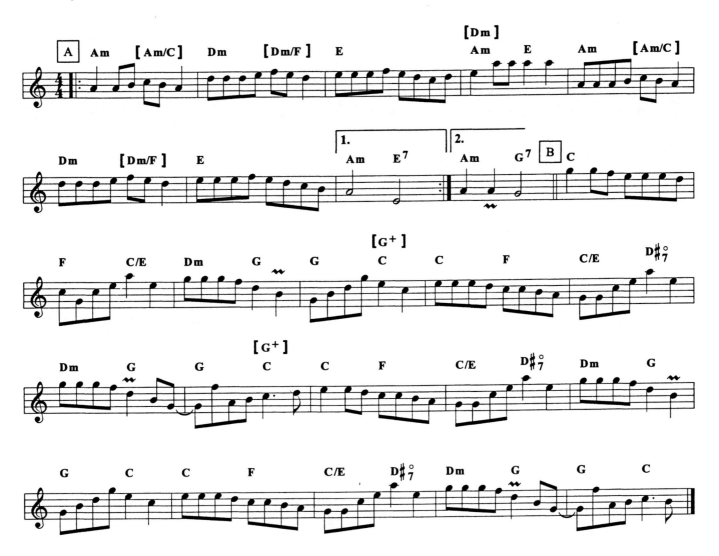

Harry Poitras

Violoneux de Baie-Ste-Catherine, située à l'embouchure de la rivière Saguenay, **Harry Poitras** est né aux alentours de 1890. Il avait pour habitude d'accompagner sa musique de tapements doubles de pieds (talon-talon-orteil-orteil).

Harry Poitras, a fiddler from Baie-Ste-Catherine, at the mouth of the Saguenay River, was born around 1890. He tapped his feet in a continuous eighth-note pattern (heel-heel-toe-toe) while he played.

CD 10

73 Cotillon de Baie-Ste-Catherine

Aussi connu comme **Le Set**, interprété par Harry Poitras. La pièce et le cotillon ont été recueillis en 1955, par Simonne Voyer, ethnographe spécialiste de danse. Lisa Ornstein est à l'origine de la transcription qui apparaît dans le livre de S.Voyer.

Also known as **Le Set**, from the playing of Harry Poitras. The tune and cotillion were collected in Baie-Ste-Catherine by dance ethnographer Simonne Voyer in 1955. Lisa Ornstein did the transcription, which appears in Voyer's book.

Lisa Ornstein: *Danseries de la belle province.*

Hermas Réhel

Né en 1920 à Barachois situé près de Percé à la pointe de la péninsule de la Gaspésie, **Hermas Réhel** est un violoneux et gigueur qui vit aujourd'hui à Brossard près de Montréal. Il joue le répertoire du Québec et du Cap Breton. Il a particulièrement été influencé par Joseph Allard, Don Messer et Winston « Scotty » Fitzgerald. On peut entendre H. Réhel au violon dans l'enregistrement vidéo de 1991 *La gigue québécoise.*

Hermas Réhel is a fiddler and step-dancer, born in 1920 in Barachois, near Percé on the end of the Gaspé Peninsula, and now living in Brossard, near Montréal. He plays the music of Québec and Cape Breton, influenced especially by Joseph Allard, Don Messer and Winston "Scotty" Fitzgerald. Réhel plays fiddle on a 1991 step-dance video.

CD 10

74 La marmotteuse (tr. the muttering woman)

Aussi connu sous le titre de **La grondeuse** ou **La bonhomme et la bonne femme chicaneux**. Lisa Ornstein nous a montré cette singulière version, provenant d'Hermas Réhel, de cette pièce bien connue au Canada et en Nouvelle Angleterre. (Voir aussi pièces 45 et 67.)

Conseils de style : Au violon faites usage de coups d'archet séparés et rebondissants, sauf pour les 4e, 5e et 6e croches des mesures 2 et 6 de la partie A pour lesquelles vous utiliserez un coup d'archet lié et poussé. Utilisez un do neutre (ni dièse ou naturel) à la mesure 7. Suivez une structure d'accents mobiles (voir Introduction) ; par exemple, dans la partie B, accentuez la première, 3e, 6e et 8e croches de chaque mesure. Les notes entre parenthèse sont à peine effleurées par un coup d'archet tiré entre deux coups d'archet poussés. Mode mixolydien.

Also called **La grondeuse** or **La bonhomme et la bonne femme chicaneux** (tr. The Growling Old Man and the Grumbling Old Woman). Lisa Ornstein showed us Hermas Réhel's unique version of this well-known Canadian/New England tune. (See also #45 and #67.)

Style tips: On fiddle, use bouncy, separate bows, except for an up-bow slur of the 4th, 5th and 6th eighth notes in measures 2 and 6 of the A part. Play a neutral C (neither sharp nor natural) in measure 7. Use moveable accent pattern (see Introduction); for example, in the B part, accent 1st, 3rd, 6th and 8th eighth notes of each measure. Notes in parentheses are "ghosted", i.e. barely played on a down-bow between 2 strong up-bows. Mixolydian mode.

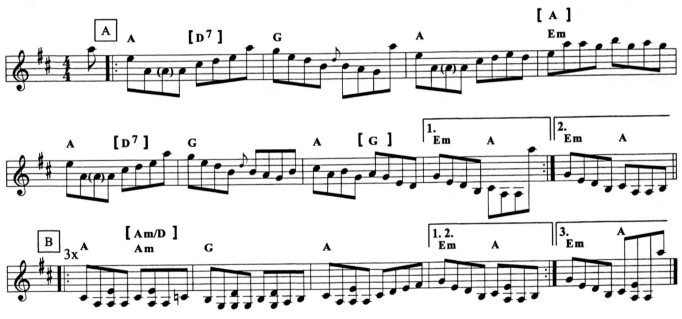

Des versions plus familières aux musiciens de la Nouvelle-Angleterre sont présentées dans *Les épousailles* et *En spectacle* de La Bottine souriante ainsi que dans *Louis Beaudoin*. Louis Beaudoin tient cette pièce du programme radiophonique de Don Messer du début des années 50. La version Nouvelle-Angleterre/D. Messer est aussi incluse dans le livre de Donna Hébert, *The Grumbling Old Woman*, et dans le *Fiddler's Fakebook*.

Versions more familiar to New England-style players can be heard on La Bottine souriante: *Les épousailles* and *En spectacle*; and on *Louis Beaudoin*. Beaudoin learned the tune from Don Messer's radio show in the early 1950s. The New England/Messer version can be found also in Donna Hébert's book: *The Grumbling Old Woman*, and in the *Fiddler's Fakebook*.

Isidore Soucy

Isidore Soucy (1899-1962) a été de loin le violoneux à avoir le plus enregistré de la première moitié du 20e siècle. Né à Ste-Blandine près de Rimouski, il était le « star » de son village dès l'âge de 15 ans. En 1924, il élut domicile à Montréal et au cours des trente années suivantes enregistra plus de deux cents 78 tours et onze 45 tours de musiques de danse et chansons. Le style d'I. Soucy est rustique et riche en bourdons et double cordes. Il participa aux « Veillées de bon vieux temps » du Monument national à Montréal, de 1927 à 1934 et fut régulièrement présent sur les ondes radios pendant plusieurs années. Plus tard, I.Soucy produisit deux séries télévisées populaires : *Chez Isidore* et *La Famille Soucy*. Un de ses ensembles les plus connus était Les Vive-la-joie auquel participait l'accordéoniste Donat Lafleur. Le Trio Soucy et La Famille Soucy, auxquels participait le célèbre accordéoniste **René Alain** (1921-1968), étaient également deux groupes fort populaires. R. Alain, originaire de La Tuque, laissa aussi un héritage discographique important derrière lui. Voir aussi la version d'I. Soucy du **Reel des esquimaux**, pièce 6.

Isidore Soucy (1899-1962) was easily the most-recorded fiddler in Québec in the first half of the 20th century. Born in Ste-Blandine, near Rimouski, he was the star of his village by age 15. He moved to Montréal in 1924, and over the next thirty years recorded more than two hundred 78-rpm records and eleven 45-rpms of dance tunes and songs. Soucy's style was rustic and full of drones and double-stops. He participated in the "Veillées de bon vieux temps" (tr. good old-time evenings) at a Montréal theatre from 1927 to 1934, and was heard regularly over the radio for many years. Later, Soucy hosted two popular television series, *Chez Isidore* and *La Famille Soucy*. One of his best-known ensembles was Les Vive-la-joie (tr. long live joy) with accordionist Donat Lafleur. Also well-known were Trio Soucy and La Famille Soucy, which included the influential Montréal accordionist **René Alain** (1921-1968). Alain, originally from La Tuque, also left an impressive discography. See also Soucy's version of **Reel des esquimaux**, #6.

75 L'acadienne (tr. the Acadian woman)

Tiré du répertoire de La Famille Soucy. Cette version est transcrite de *Jusqu'aux p'tites heures* de La Bottine souriante. René Alain interprètait les trois parties de cette version sur un accordéon à 3 rangées en tonalités sol, do et fa.

From the repertoire of La Famille Soucy. This version is from La Bottine souriante: *Jusqu'aux p'tites heures*. René Alain played a 3-row accordion in G, C and F, the keys of the 3 parts of this tune.

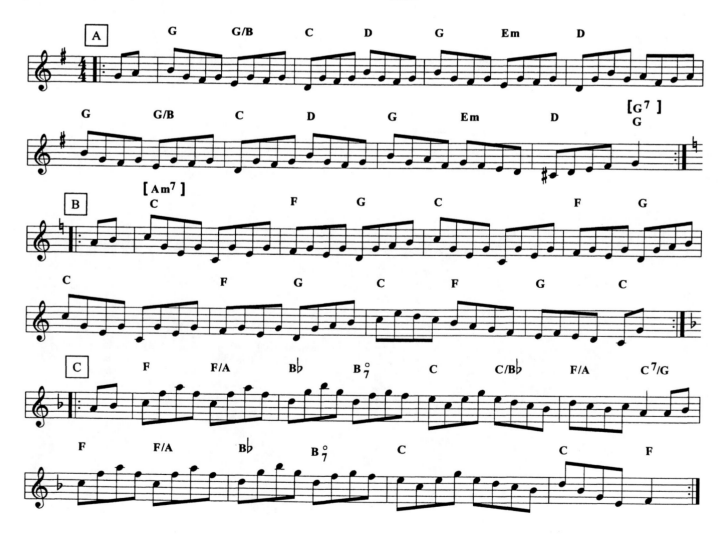

76 Reel de Ste-Blandine

Aussi connu sous le titre de **Quadrille de Québec, 5e partie**, tiré du répertoire d'Isidore Soucy. Cette version est transcrite d'après Martin Racine.

Conseils de style : bourdons sur cordes ouvertes.

Also known as **Quadrille de Québec, 5e partie** (tr. 5th part), from the repertoire of Isidore Soucy. This version is from fiddler Martin Racine.

Style tip: Drone the open strings.

Isidore Soucy enregistra le **Quadrille de Québec** à six parties sur 78 tours en 1926 et 1932. L'enregistrement de 1926 a été reproduit sur CD intitulé *Isidore Soucy : Héritage québécois*.

Isidore Soucy recorded the six part **Quadrille de Québec** on 78-rpm in 1926 and 1932. The 1926 recording was re-released on CD, entitled *Isidore Soucy: Héritage québécois*.

77 Reel des poilus (tr. hairy people's reel)

Tiré du répertoire d'Isidore Soucy. Cette version est interprétée par Lisa Ornstein dans *Les Danseries de Québec...de l'autre bord de l'eau.*

From the repertoire of Isidore Soucy. This version is from Lisa Ornstein: *Les Danseries de Québec...de l'autre bord de l'eau.*

Conseils de style : Accord du violon la-mi-la-mi. Quasi bourdons continuels. Structure d'accents mobiles à utiliser (voir Introduction).

Style tips: Fiddle tuning A-E-A-E. Drone open strings almost continuously. Use moveable accent pattern (see Introduction).

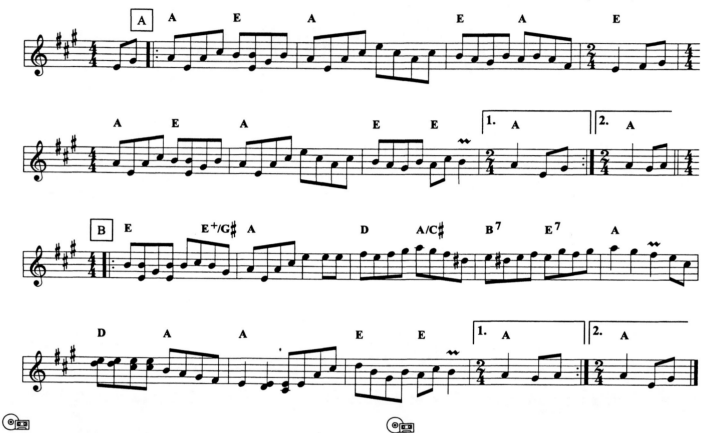

Isidore Soucy enregistra un 78 tours en 1940, reproduit dans *Chansons à répondre...La Famille Soucy.* Aussi sur *Off With the Good Old St-Nicholas Boat* de George Wilson et Selma Kaplan.

Isidore Soucy recorded it on 78-rpm in 1940, re-released on *Chansons à répondre...La Famille Soucy.* George Wilson and Selma Kaplan: *Off With the Good Old St-Nicholas Boat.*

Joseph-Marie Tremblay

Joseph-Marie Tremblay est un accordéoniste et gigueur de Chicoutimi. Né aux environs de 1930, il travailla dans la métallurgie, dont il est aujourd'hui retraité, et a 19 enfants. Son père, harmoniciste, lui enseigna une partie de son répertoire. J. M. Tremblay fait partie du groupe musical Les ancêtres du Saguenay, composé de neuf artistes. Sa musique a un tempo rapide et son style un rythme caractéristique de la région du Saguenay où la tradition de la gigue est importante.

Joseph-Marie Tremblay is an accordionist and step-dancer from Chicoutimi. Born around 1930, he is a retired aluminum worker and father of 19 children. He learned some of his repertoire from his father, a harmonica player. Tremblay is a member of the nine-member musical group Les ancêtres du Saguenay. He plays at fast tempos and with a rhythmic style characteristic of the Saguenay region, where there is a strong step-dancing tradition.

78 Air du Saguenay

Joseph-Marie Tremblay appris cette pièce de son père qui la sifflait. Cette version est celle de Normand Legault.

Joseph-Marie Tremblay learned this tune from the whistling of his father. This version is from Normand Legault.

La Famille Verret / The Verret Family

La Famille Verret du Lac-St-Charles, situé juste au nord de la ville de Québec, est la gardienne d'un répertoire d'environ trois cents pièces, datant bien souvent du dix-neuvième siècle, nombreuses d'entre elles n'ayant jamais été enregistrées ou transcrites. Les deux frères Verret, le violoneux Jules (1916-1982) et l'accordéoniste Yves (1929-1983) tiennent leur répertoire de leur père, l'accordéoniste Jean-Baptiste, et en particulier de l'ami de ce dernier, le violoneux Pierre « Pit Jornoch » Verret (1863-1937). Ce répertoire a été transmis aux trois enfants de Jules, le violoneux Jean-Marie (né en 1945), l'accordéoniste Yvan (né en 1950) et la pianiste Lise (née en 1958). Le fils de Jean-Marie, Martin, violoneux, représente la nouvelle génération.

Adolescent dans les années 30, **Jules Verret** apprit le répertoire de « Pit Jornoch », ayant vécu à St-Émile, près du lac St-Charles. Le reste de son répertoire, allant de pièces celtiques à des mélodies lyriques communes à la région de Québec, est composé d'airs de Jean Carignan, Isidore Soucy, Don Messer, et des maîtres irlandais qu'il découvrit par la radio et les disques 78 tours. Excellent violoneux de danse, la plupart de ses pièces étaient utilisées, au Lac-St-Charles où il vécut, pour accompagner les quadrilles. Jules Verret savait exactement quel air correspondait le mieux à chaque pas. Il pouvait facilement jouer pour une veillée de six heures, de 21 h 00 à 3 h 00 du matin sans jamais répéter une pièce. En fait, son ami Guy Bouchard estimait que son répertoire était suffisamment large pour qu'il puisse jouer durant quatre ou 5 nuits sans répéter un air. Son style très ornemental était en contraste avec celui de Jos Bouchard dépouillé de tout ornement. Jules Verret a seulement enregistré un 33 tours en 1974, sa fille Lise l'accompagnant au piano. Comme l'écrit le violoneux Éric Favreau « La richesse de son répertoire et de son style le placent parmi les grands maîtres de la musique traditionnelle québécoise. ».

Jean-Marie Verret se produit localement et à l'étranger, il est apparu notamment à l'Ashokan Fiddle and Dance Camp dans l'état de New York. Son style est hardi, agrémenté de vibrato, d'ornementations et de notes chromatiques. Il a enregistré de nombreux albums dont plusieurs avec son fils.

The Verret Family of Lac-St-Charles, just north of Québec City, is the guardian of a repertoire of about three hundred tunes originating in the nineteenth century or earlier, many of which have never been recorded or transcribed. The two Verret brothers, fiddler Jules (1916-1982) and accordionist Yves (1929-1983) learned their repertoire from their father, accordionist Jean-Baptiste, and especially from his friend, fiddler Pierre "Pit Jornoch" Verret (1863-1937). This repertoire has been passed down to Jules' three children, fiddler Jean-Marie (b. 1945), accordionist Yvan (b. 1950) and pianist Lise (b. 1958). Jean-Marie's son Martin, a fiddler, represents the youngest generation.

Jules Verret learned the repertoire of Pit Jornoch (of neighboring St-Émile) as a teenager in the 1930s. The rest of his repertoire, which ranged from Celtic tunes to the lyrical melodies common to the Québec City region, consisted of tunes from Jean Carignan, Isidore Soucy, Don Messer, and the Irish masters, which he picked up from 78-rpm records and the radio. He was an excellent dance fiddler, and most of his tunes were used to accompany quadrille dancing in Lac-St-Charles, where he spent his life. Jules Verret knew just which tune went best with each step. He could easily play for a six hour dance (9 pm-3 am) without ever repeating a tune. In fact, Verret's friend Guy Bouchard estimates that his repertoire was large enough that he could have played for four or five nights without repeating a tune. His highly ornamented style contrasted with the unornamented style of Jos Bouchard. Jules Verret recorded only one LP, in 1974, with his daughter Lise accompanying him on piano. As fiddler Éric Favreau wrote, "The richness of his repertoire and style place him among the grand masters of québécois traditional music."

Jean-Marie Verret performs locally and abroad, including appearances at Ashokan Fiddle and Dance Camp in New York State. His style is bold, with the use of vibrato, unique ornamentation and chromatic notes. He has many recordings, including several with his son.

Jean-Marie Verret

79 Clog à Ti-Jules

Cette version est tirée de *Jean-Marie Verret Rend Hommage à Pit Jornoch*. « Ti-Jules » est un diminutif de Jules. Avec la permission de l'interpret.

Conseils de style : Jouez de manière décontractée en swingnant les croches.

This version is from *Jean-Marie Verret Rend Hommage à Pit Jornoch*. "Ti-Jules" is a nickname for Jules. Used with permission.

Style tip: Play at a relaxed pace with swing eighth notes.

Entourloupe: *La St-Berdondaine.*

80 Reel Saint-Joseph

Ou **La Bellechasse**. Cette version de cette pièce très connue est tirée de *La Famille Verret, vol. 2* de Jean-Marie Verret et est intitulée **La Bistringue** (sans relation avec **La Bastringue** populaire en Nouvelle Angleterre). Bellechasse est le nom d'un comté.

Also known as **La Bellechasse**. This version of this widely-known tune is from Jean-Marie Verret: *La Famille Verret, vol. 2*, where it is entitled **La Bistringue** (no relation to the **La Bastringue** popular in New England). Bellechasse is the name of a county.

81 La promenade, 2e partie du lancier (tr. second part of Lancers)

De Jules Verret : *La Famille Verret, vol. 1.*

From Jules Verret: *La Famille Verret, vol. 1.*

Conseils de style : Jouez les noires non-ornées en staccato.

Style tip: Play unornamented quarter notes staccato.

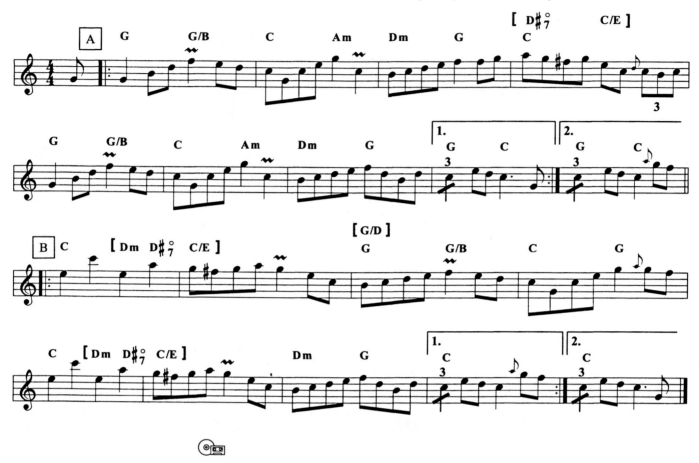

Richard Forest & Yvon Cuillerier: *Québec pure laine* (en ré/in D).

82 Reel à Bacon

Tiré du répertoire de Jules Verret. Cette version est transcrite d'après Martin Racine et Yves Lambert dans *La traversée de l'Atlantique* de La Bottine souriante. John Kimmel possède aussi une version de cette pièce.

From the repertoire of Jules Verret. This version is from Martin Racine and Yves Lambert on La Bottine souriante: *La traversée de l'Atlantique*. John Kimmel also had a version of this tune.

Jean-Marie & Martin Verret: *Quadrille du XIXe et XXe siècle.*

83 Reel en ré (in D)

Tiré du répertoire de Jules Verret. Cette version est transcrite d'après les guitaristes Jean-Paul Loyer et André Marchand dans *Détournement majeur*.

Conseils de style : Suivez une structure d'accents mobiles (voir Introduction).

From the repertoire of Jules Verret. This version is from guitarists Jean-Paul Loyer and André Marchand: *Détournement majeur* (tr. major diversion).

Style tip: Use moveable accent pattern (see Introduction).

Ornstein/Pépin: *Danseries de la belle province;* Richard Forest & Yvon Cuillerier: *Québec pure laine.*

84 Rencontre des dames (tr. meeting of the ladies)

Tiré de *La Famille Verret, vol. 1* de Jules Verret. Cette pièce était jouée comme première partie du quadrille des Lanciers.

From Jules Verret: *La Famille Verret, vol. 1*. This tune was played for the first part of the Lancers quadrille.

Conseils de style : Swingnez les croches. Dans un 6/8, ce swing est obtenu en donnant plus de temps à la première croche et moins à la seconde de chaque groupe de trois.

Style tip: Swing the eighth notes. In a 6/8 this is accomplished by giving more time to the first eighth note and less to the second (of each group of three).

SECTION II : Pièces composées par des violoneux/ Tunes Composed By Fiddlers

Michel Bordeleau 121
    85 Fleur de mandragore (tr. mandragora flower) 121
    86 Nuit sauvage (tr. wild night) 122
    87 Quatre fers en l'air (tr. four horseshoes in the air) ... 123
Michel Faubert 124
    88 Valse des jouets (tr. waltz of the toys) 124
Éric Favreau 125
    89 Les soeurs Cotnoir (tr. the Cotnoir sisters) 125
CD 90 Le violon confesseur (tr. the confessing fiddle) 126
Richard Forest 127
    91 Le releveur (tr. the meter-reader) 127

    92 Rythme 128
Daniel Lemieux 129
    93 La tuque carreautée (tr. the plaid cap) 129
Lisa Ornstein 130
    94 Le bal des accordéons 130
CD 95 La galope à Denis 131
Martin Racine 133
    96 Viva El West Side, or Dedicado à Jos 133
Jean-Marie Verret 134
    97 Gigue du lac 134

La Bottine souriante 1998: Yves Lambert, Jean Fréchette, Michel Bordeleau, Robert Ellis, Régent Archambault, André Brunet, André Verreault, Denis Fréchette, Jocelyn Lapointe

Michel Bordeleau

Né à Joliette en 1964, **Michel Bordeleau** est un musicien et compositeur de talent qui a profondément marqué La Bottine souriante, par sa présence depuis 1987. Il joue du violon, de la mandoline, de la guitare et est également chanteur et tapeur de pieds. Il vit dans la région Lanaudière et chante dans le groupe vocal a capella Les charbonniers de l'enfer.

Michel Bordeleau, born in Joliette in 1964, is a talented musician and tunesmith who has lent his strong presence to La Bottine souriante since 1987. He plays fiddle, mandolin and guitar, and is a lead singer and foot-tapper as well. He lives in the Lanaudière region, and sings with the a capella vocal group Les charbonniers de l'enfer (tr. the charcoal-makers from hell).

85 Fleur de mandragore (tr. mandragora flower)

Composé par Michel Bordeleau. La mandragore est une plante aux propriétés narcotiques. Cette version provient de *Jusqu'aux p'tites heures* de La Bottine souriante. M.Bordeleau s'inspira pour cette pièce du **Reel du pendu**. (Voir aussi pièces 39 et121.) Avec la permission de l'auteur. Copyright 1991 Éditions de La Bottine souriante, SOCAN, arr. Denis Fréchette et La Bottine souriante.

Composed by Michel Bordeleau. Mandragora, or mandrake, is a plant with narcotic properties. This version is from La Bottine souriante: *Jusqu'aux p'tites heures*. Bordeleau wrote this tune in the spirit of **Reel du pendu**. (See related tunes, #39 and #121.) Used with permission. Copyright 1991 Éditions de La Bottine souriante, SOCAN, arr. Denis Fréchette and La Bottine souriante.

Conseils de style : Accord du violon la-mi-la-mi. Bourdons des cordes ouvertes permanents.

Style tips: Fiddle tuning A-E-A-E. Drone open strings throughout.

86 Nuit sauvage (tr. wild night)

Composé par Michel Bordeleau. Cette version est extraite de l'album *Jusqu'aux p'tites heures* de La Bottine souriante : Avec la permission de l'auteur. Copyright 1991 Éditions de La Bottine souriante, SOCAN, arr. Denis Fréchette et La Bottine souriante.

Conseils de style : Jouez de manière décontractée en swingnant les croches. Le(s) mode(s) de cette pièce défie(nt) toutes catégories!

Composed by Michel Bordeleau. This version is from La Bottine souriante: *Jusqu'aux p'tites heures*. Used with permission. Copyright 1991 Éditions de La Bottine souriante, SOCAN, arr. Denis Fréchette and La Bottine souriante.

Style tips: Play at a relaxed pace, with swing eighth notes. The mode(s) of this tune defy characterization!

87 Quatre fers en l'air (tr. four horseshoes in the air)

Composé par Michel Bordeleau. Cette version est interprétée par Michel Bordeleau et Yves Lambert dans *Je voudrais changer d'chapeau* de La Bottine souriante. Le titre correspond à une expression québécoise signifiant « avoir du bon temps ». Avec la permission de l'auteur. Copyright 1989 Éditions de La Bottine souriante, SOCAN, arr. André Marchand et La Bottine souriante.

Composed by Michel Bordeleau. This version is from Bordeleau and Yves Lambert on La Bottine souriante: *Je voudrais changer d'chapeau*. The title is a québécois expression meaning "having a great time". Used with permission. Copyright 1989 Éditions de La Bottine souriante, SOCAN, arr. André Marchand and La Bottine souriante.

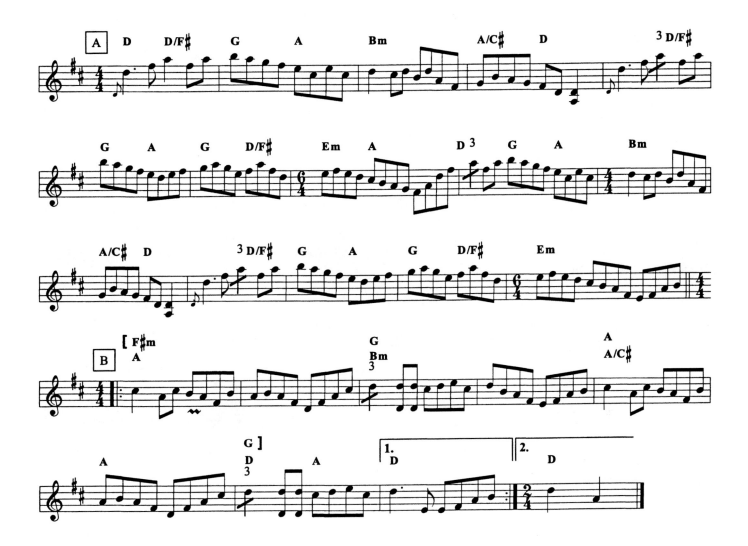

Michel Faubert

Michel Faubert est un artiste dont les interprétations innovatrices incorporent chansons et récits traditionnels à des compositions originales. Né en 1959 à Rigaud d'une famille de chanteurs, M. Faubert collectionne chansons et airs dès l'adolescence. Avec la participation de plusieurs musiciens de la scène alternative Montréalaise, il produit de nombreux enregistrements d'un style folk-rock moderne. M. Faubert fait parti du groupe a capella Les charbonniers de l'enfer. Bien qu'il ne se produise pas souvent au violon en public, il a influencé La Bottine souriante et autres groupes avec son répertoire de pièces traditionnelles et de compositions personnelles telles que **Le brandy** (voir la version de Faubert, pièce 51) et la célèbre **Valse des jouets**.

Michel Faubert

Michel Faubert is an innovative performance artist who incorporates traditional songs and stories with original compositions. Born in 1959 in Rigaud, into a family of singers, Faubert began collecting songs and tunes as a teenager. With the participation of several members of the alternative music scene in Montréal, he has produced numerous recordings in a modern folk-rock style. Faubert is a member of the a capella group Les charbonniers de l'enfer. Although he does not often fiddle in public, he has influenced La Bottine souriante and other groups with his repertoire of traditional and composed tunes, such as **Le brandy** (see Faubert's version, #51) and the popular **Valse des jouets**.

88 Valse des jouets (tr. waltz of the toys)

Composée par Michel Faubert. Avec la permission de l'auteur. Copyright 1986 Michel Faubert.

Composed by Michel Faubert. Used with permission. Copyright 1986 Michel Faubert.

Conseils de style : Swingnez les croches.

Style tip: Swing the eighth notes.

Ornstein/Pépin: *Les Danseries de Québec...de l'autre bord de l'eau.*

Éric Favreau

Né en 1965 à St-Élie-d'Orford aux environs de Sherbrooke, **Éric Favreau** est un violoneux ainsi qu'un compositeur. E.Favreau tient une partie de son répertoire de son oncle Ronald Cotnoir. Il joue aujourd'hui des airs de tout le Québec, d'Irlande, des îles Shetland et du Cap Breton. Éric Favreau enseigne le violon, présente des ateliers sur la musique traditionnelle québécoise dans les écoles du Québec, fait partie du groupe Entourloupe et agit comme consultant en musique traditionnelle québécoise. On peut l'entendre au violon dans plusiers enregistrements.

Éric Favreau, born in 1965 in St-Élie-d'Orford, near Sherbrooke, is a fiddler and tunesmith. Favreau learned some of his repertoire from his uncle Ronald Cotnoir; he now plays tunes from throughout Québec, Ireland, the Shetland Islands and Cape Breton. Favreau teaches fiddle, performs and provides musical programs for school children in Québec with the group Entourloupe (tr. dirty trick), and acts as a consultant for québécois traditional music. Several recordings of his fiddling are available.

89 Les soeurs Cotnoir (tr. the Cotnoir sisters)

Composé par Éric Favreau. Avec la permission de l'auteur. Copyright 2001 Éric Favreau.

Composed by Éric Favreau. Used with permission. Copyright 2001 Éric Favreau.

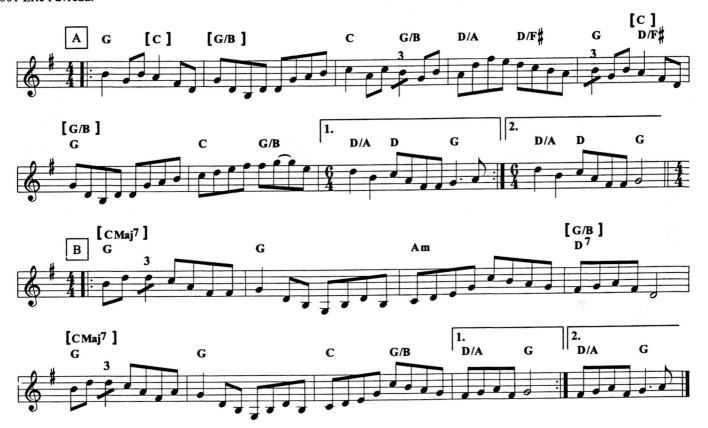

90 Le violon confesseur (tr. the confessing fiddle)

Composé par Éric Favreau. Cette pièce raconte l'histoire d'un homme qui a commis un meurtre et se confesse à un arbre dans la forêt. Une partie de l'arbre sera utilisé par un luthier pour la fabrication d'un violon et les premiers sons qui sortirent de l'instrument dévoilère ce secret. Avec la permission de l'auteur. Copyright 2001 Éric Favreau.

Conseil de style : Structure ABBAB'B'. Swingnez les croches. Dans un 6/8, ce swing est obtenu en donnant plus de temps à la première croche et moins à la seconde de chaque groupe de trois. Remarquez la lenteur du tempo. La partie A est en mode mixolydien .

Composed by Éric Favreau. This tune has an interesting story behind it: a man commits a murder and confesses his sin only to a tree in the forest. A piece of the tree is eventually made into a fiddle, and when the fiddle is played, it plays this tune, confessing the crime. Used with permission. Copyright 2001 Éric Favreau.

Style tip: Form: ABBAB'B'. Swing the eighth notes. In a 6/8 this is accomplished by giving more time to the first eighth note and less to the second (of each group of three). Note slower tempo. The A part is in mixolydian mode.

Richard Forest

Richard Forest est un violoneux et compositeur prolifique montréalais. Né en 1957, R. Forest découvrit le violon sous l'influence de ses oncles et de son grand-père, violoneux de la région de Lanaudière. Très demandé aux soirées mensuelles montréalaises de danse traditionnelles, Les veillées du Plateau, R. Forest interprète un répertoire traditionnel aussi bien que des pièces de sa propre composition dont bon nombre sont d'excellents airs de danse. Avec Domino, Tradi/son et Bardi-Barda, il compte plusieurs enregistrements à son actif. Il enseigne la musique de danse et a fait partie de plusieurs tournées internationales pour des troupes folkloriques.

Richard Forest is a fiddler and prolific composer from Montréal. Born in 1957, Forest was inspired to take up fiddle by his uncles and grandfather, fiddlers from the Lanaudière region. In demand as a dance musician at Montréal's monthly social dance, Les veillées du Plateau, Forest interprets the traditional repertoire as well as his own compositions, many of which are excellent dance tunes. He has made several recordings with his groups Domino, Tradi/son, Bardi-Barda and others. He teaches the dance repertoire, and has been on several tours overseas with various folk dance troupes.

91 Le releveur (tr. the meter-reader)

Composé par Richard Forest quand il travaillait comme releveur de compteur à la compagnie d'électricité Hydro-Québec. Extrait de son album *Inédit*. Avec la permission de l'auteur. Copyright 1990 Richard Forest.

Composed by Richard Forest, while he worked as a meter-reader for an electric company. From his recording *Inédit*. Used with permission. Copyright 1990 Richard Forest.

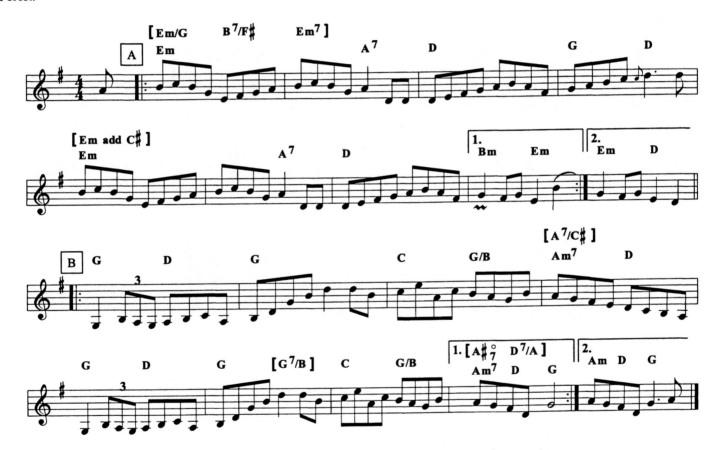

92 Rythme

Richard Forest & Guy Loyer à Paris, 1988

Daniel Lemieux

Daniel Lemieux est un violoneux, guitariste, harmoniciste et chanteur originaire de Mont- Louis, situé en Gaspésie. Il vit aujourd'hui à Beauport, près de Québec. Ancien membre des groupes Manigance et Ojnab, D.Lemieux a enseigné le violon dans le cadre de l'Ashokan Fiddle and Dance Camp dans l'état de New York et a largement voyagé en tant qu'interprète. Son répertoire comprend des pièces irlandaises, du Cap Breton, écossaises ainsi que québécoises.

Daniel Lemieux is a fiddler, guitarist, harmonica-player and singer originally from Mont-Louis on the Gaspé peninsula. Now living in Beauport, near Québec City, Lemieux has been a member of the groups Manigance (tr. plot/deceit) and Ojnab, taught fiddle classes at Ashokan Fiddle and Dance Camp in New York State, and traveled widely as a performer. His repertoire includes Irish, Cape Breton and Scottish as well as québécois tunes.

93 La tuque carreautée (tr. the plaid cap)

Composé par Daniel Lemieux. Cette version est extraite de *Musique Traditionnelle* d'Éric Favreau. Avec ce titre, D.Lemieux baptise une fois de plus une pièce d'après une coiffe hivernale (**La tuque rouge, La tuque bleue**, etc.). Avec la permission de l'auteur. Copyright 1992 Daniel Lemieux.

Composed by Daniel Lemieux. This version is from Éric Favreau: *Musique Traditionnelle*. With his title, Lemieux continues the tradition of naming tunes after winter hats (**La tuque rouge, La tuque bleue**, etc.). Used with permission. Copyright 1992 Daniel Lemieux.

Lisa Ornstein

[voir sa biographie dans la section de pièces traditionnelles]   [see biography in traditional tunes section]

94 Le bal des accordéons

Composé par Lisa Ornstein pour le festival d'accordéon du même nom en 1987. Avec la permission de l'auteur. Copyright 1987 Lisa Ornstein.

Conseil de style : Décider entre une mesure à 3/4 ou 9/8 pour la transcription de cette pièce a été un choix difficile. Nous avons finalement opté pour le 9/8, mais la fin de la partie A et toute la partie B sont en fait jouées avec des duplets égaux. Jouez cette valse de manière expressive et rubato, rallongeant les longues notes de fin de phrases et rattrapant la mesure à un autre endroit.

Note d'accompagnement : L'accompagnement est très important puisque le caractère expressif de cette pièce est pour une large part transmis par l'harmonie. L'accord F♯♭10 (fa dièse - 10 bémoll) peut être joué par un accord en fa♯ majeur de la main gauche et un la majeur de la main droite.

Composed by Lisa Ornstein for a 1987 accordion festival of the same name. Used with permission. Copyright 1987 Lisa Ornstein.

Style tip: It was a difficult choice whether to write out this waltz in 3/4 or 9/8 time. We finally decided on 9/8, but in fact the end of the A part and all of the B part are played with even duplets. Play this waltz very expressively and rubato, borrowing a little time to lengthen the long notes at the ends of phrases and making it up elsewhere.

Accompaniment note: The accompaniment is very important because the expressive character of the tune is conveyed in large part by the harmony. The F♯♭10 chord can be played by playing an F♯ major chord in the left hand and an A major chord in the right.

Laurie Hart: *Gravity Hill.*

95 La galope à Denis

Composé par Lisa Ornstein et le pianiste Yvan Brault de Montréal. La pièce est dédicacée à Denis Pépin. Cette version est tirée de leur album *Les Danseries de Québec...de l'autre bord de l'eau.* Avec la permission de l'auteur. Copyright 1986 Lisa Ornstein et Yvan Brault. La partition de l'accompagnement piano de cette pièce se retrouve à l'Appendice II.

Conseils de style : Jouez les noires en staccato.

Composed by Lisa Ornstein and pianist Yvan Brault of Montréal and dedicated to Denis Pépin. This version is from their album, *Les Danseries de Québec...de l'autre bord de l'eau.* Used with permission. Copyright 1986 Lisa Ornstein and Yvan Brault. A transcription of the piano accompaniment for this tune can be found in Appendix II.

Style tip: Play quarter notes staccato.

La galope à Denis

Martin Racine

Martin Racine est un violoneux et guitariste qui vit à Québec. Né en 1957 à St-Ferréol-les- Neiges situé au nord-est de Québec, le répertoire de M. Racine comprend des airs du Québec et d'Irlande. Il a joué avec La Bottine souriante de 1980 à 1997 et apparaît sur la plupart de leurs enregistrements.

Martin Racine is a fiddler and guitarist who lives in Québec City. Born in 1957 in St-Ferréol-les-Neiges, northeast of Québec City, his repertoire includes tunes from Québec and Ireland. He played with La Bottine souriante from 1980-1997 and appears on most of their recordings.

96 **Viva El West Side** ou/or **Dedicado à Jos**

D'après une composition/arrangement de Martin Racine qu'il joua dans *Je voudrais changer d'chapeau* de La Bottine souriante. M. Racine s'inspira pour sa seconde partie d'un vieux disque du groupe Tex-Mex, Trio San Antonio, sorti sous étiquette Arhoolie. En fonction de cette partie, M. Racine composa alors la première partie en souvenir de Jos Bouchard. Avec la permission de l'auteur. Copyright 1988 Martin Racine.

Composed/arranged by Martin Racine. He plays it on La Bottine souriante: *Je voudrais changer d'chapeau*. Racine found the second part of the tune on an old Arhoolie-label record by the Tex-Mex group, Trio San Antonio. He then composed the first part, which reminds him of Jos Bouchard, to go along with it. Used with permission. Copyright 1988 Martin Racine.

Jean-Marie Verret

[voir sa biographie dans la section de pièces traditionnelles]   [see biography in traditional section]

97 Gigue du lac

Composé par Jean-Marie Verret. Cette version est tirée de l'album *La famille Verret, Vol. 2*. Cette pièce fut inspirée d'une chanson de J.P Fillion, **La parenté**, que l'on peut écouter dans *Tout comme au jour de l'an* de La Bottine souriante. Avec la permission de l'auteur. Copyright 1975 Jean-Marie Verret.

Composed by Jean-Marie Verret. This version is from his album, *La famille Verret, vol. 2*. The tune was inspired by a song by J-P Fillion, **La parenté** (tr. kinship), which can be heard on La Bottine souriante: *Tout comme au jour de l'an* (tr. just like New Year's Day). Used with permission. Copyright 1975 Jean-Marie Verret.

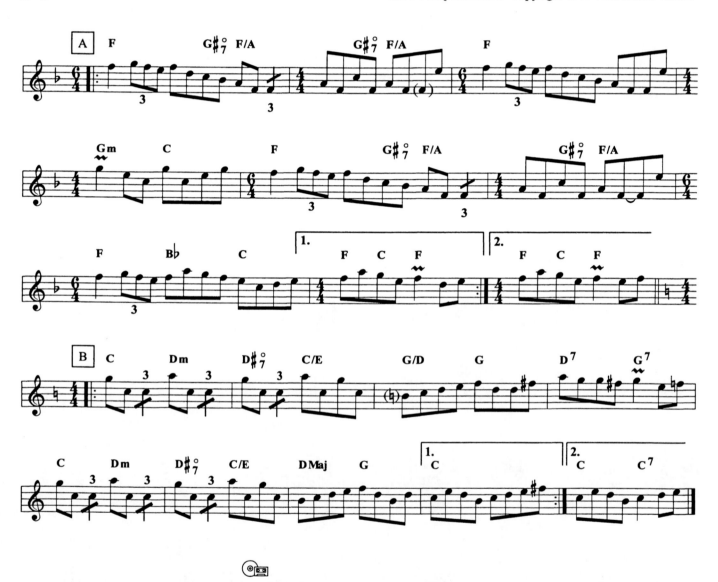

La Bottine souriante: *La traversée de l'Atlantique.*

SECTION III : Pièces composées par des accordéonistes/ Tunes Composed by Accordionists

Philippe Bruneau 136
  98 Hommage à Dorothy Hogan 136
  99 Hommage à Jos Bouchard 138
Guy Loyer 139
  100 Hommage à Philippe Bruneau 139
Danielle Martineau.. 140
  101 Valse d'hiver (tr. winter waltz) 140
Marcel Messervier 142
  102 Hommage à nos musiciens
  (tr. tribute to our musicians) 142
  103 Le petit bal à l'huile 143
  104 Reel des accordéonistes 144
⊙**CD** 105 Reel Joseph 145

  106 Reel Ti-Mé 146
  107 Valse à Jessy 147
  108 Valse Bernadette 148
Raynald Ouellet 150
  109 La bonne rivière (tr. the good river) 151
⊙**CD** 110 Valse du vieux moulin (tr. the old mill waltz) 151
  111 Xiphos 153
Lorenzo Picard 154
  112 Reel du père Bruneau (tr. Father Bruneau's reel) 154
Adélard Thomassin 155
⊙**CD** 113 Gigue du père Mathias
  (tr. Father Mathias' step-dance) 155

Stéphane Landry

Philippe Bruneau

[voir sa biographie dans la section de pièces traditionnelles]   [see biography in Traditional section]

98 Hommage à Dorothy Hogan

Composé par Philippe Bruneau. Cette version est reproduite d'après le livre de Carmelle Bégin, *Philippe Bruneau : Musique traditionnelle pour accordéon diatonique*, (reproduction par autorisation du Musée canadien des civilisations). Remarquez que par endroits des triolets sont remplacés par des duplets égaux ou quadruplets qui sont indiqués par un 2 ou un 4 avec des crochets encadrant les notes. Dorothy Hogan est une pianiste native de l'Ohio vivant à présent à Montréal. Elle a joué avec P. Bruneau durant dix ans, l'accompagne sur son album de 1984, et a transcrit bon nombre de ses pièces inédites non publiées. La première interprétation que nous ayions entendue de cette pièce était de Normand Miron. Les accords sont les nôtres. Copyright 1983 Musée canadien des civilisations.

Conseils de style : Pour interpréter cette pièce au violon, monter en seconde position pour jouer le fa à l'octave (sur la corde de la), et ainsi ne pas changer de cordes.

Composed by Philippe Bruneau. This version is reprinted from the book, *Philippe Bruneau: Musique traditionnelle pour accordéon diatonique*, by Carmelle Bégin (reproduced by permission of the Canadian Museum of Civilization). Note that in some places triplets are replaced by even duplets or quadruplets, indicated by a 2 or 4 and a bracket over the notes. Dorothy Hogan is a pianist, born in Ohio and now living in Montréal. She performed with Bruneau for ten years, accompanying him on a 1984 album, and has transcribed many of his unpublished original tunes. We first heard this tune from Normand Miron. The chords are our own. Copyright 1983 Canadian Museum of Civilization.

Style tip: To play this tune on fiddle, try the octave F's in second position to avoid crossing two strings.

99 Hommage à Jos Bouchard

Composé par Philippe Bruneau. Egalement réédité d'après le livre de Carmelle Bégin, *Philippe Bruneau : Musique traditionnelle pour accordéon diatonique*, (reproduction par autorisation du Musée Canadien de Civilisation). Les accords sont les nôtres. Copyright 1983 Musée canadien des civilisations.

Composed by Philippe Bruneau. Also reprinted from the book, *Philippe Bruneau: Musique traditionnelle pour accordéon diatonique*, by Carmelle Bégin (reproduced by permission of the Canadian Museum of Civilization). The chords are our own. Copyright 1983 Canadian Museum of Civilization.

variations

Guy Loyer

Guy Loyer est un accordéoniste du Lac-Saguay situé près de Mont-Laurier. Danseur folklorique depuis 1978, il a fait depuis ce temps plusieurs tournées dans differents pays. Sa rencontre avec Philippe Bruneau en 1980 à été l'élément déclencheur pour le petit accordéon. Pendant plus de 15 ans, Philippe fut son mentor, et son **Hommage à Philippe Bruneau** fut la première de ses compositions. Loyer a aujourd'hui plus de 100 compositions à son actif.

Guy Loyer is an accordionist from Lac-Saguay, near Mont-Laurier. As a folk dancer since 1978, he has been on tour in several different countries. His meeting with Philippe Bruneau in 1980 was what set Loyer in motion on the button accordion. For more than 15 years Bruneau was his mentor, and his **Hommage à Philippe Bruneau** was his first composition. Loyer since has written more than 100 tunes.

100 Hommage à Philippe Bruneau

Composé par Guy Loyer. Cette version est interprétée par Yves Lambert dans *La traversée de l'Atlantique* de La Bottine souriante. Avec la permission de l'auteur. Copyright 1980 Guy Loyer.

Conseils de style : À jouer avec des croches égales.

Composed by Guy Loyer. This version is from Yves Lambert on La Bottine souriante: *La traversée de l'Atlantique*. Used with permission. Copyright 1980 Guy Loyer.

Style tip: Play with even eighth notes.

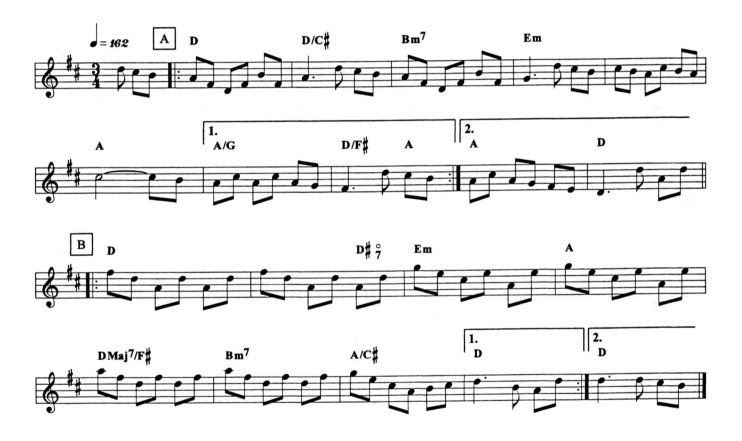

Danielle Martineau

Danielle Martineau est originaire de la région de Québec. Elle vit maintenant à Sainte-Mélanie, à proximité de Joliette. C'est une chanteuse, compositrice, calleuse de danse, accordéoniste, pianiste et vidéographe. Elle a fondé en 1981 Les Danseries de Québec, connues aujourd'hui en tant que Centre de valorisation du patrimoine vivant. Elle est apparue dans le groupe Joséphine et a enregistré plusieurs albums, certains en solo, d'autres avec son groupe cajun Rockabayou, aux influences mélangées québécoises, cajun et pop. Sa société Production du Bon Temps a produit un enregistrement vidéo d'apprentissage de l'accordéon dans lequel elle accompagne au piano l'accordéoniste Denis Pépin.

Danielle Martineau is originally from the Québec City area. Now living in Sainte-Mélanie, near Joliette, she is a singer, songwriter, dance caller, accordionist, pianist and videographer. In 1981 she founded Les Danseries de Québec, now the Centre de valorisation du patrimoine vivant. She performed with the group Joséphine, and has produced several albums, some solo, some with her Cajun group Rockabayou, with a mix of Cajun, québécois and pop influences. Her company Productions du Bon Temps made a video for learning accordion, on which she provides piano accompaniment for accordionist Denis Pépin.

101 Valse d'hiver (tr. winter waltz)

Composé par Danielle Martineau. Cette version est interprétée à l'accordéon par Yves Lambert dans *La traversée de l'Atlantique* de La Bottine souriante, D. Martineau l'accompagnant au piano. La pièce est dédicacée à Denis Pépin pour sa chaleur et son amitié. Avec la permission de l'auteur. Copyright SOCAN.

Conseils de style : À jouer avec des croches égales.

Composed by Danielle Martineau. This version is from the accordion playing of Yves Lambert on La Bottine souriante: *La traversée de l'Atlantique*, with Martineau backing him up on the piano. She dedicates this tune to Denis Pépin for his warmth and friendship. Used with permission. Copyright SOCAN.

Style tip: Play with even eighth notes.

Danielle Martineau: *Autrement.*

Danielle Martineau.

Marcel Messervier

Originaire de Montmagny, **Marcel Messervier**, né en 1934, est un accordéoniste et compositeur important ainsi qu'un fabricant d'accordéon. Son père Joseph, lui-même accordéoniste, lui enseigna un large répertoire. À l'âge de 13 ans, Marcel fabriquait ses premiers accordéons. Il est aujourd'hui considéré comme un maître dans l'art de la fabrication et de la restauration. La liste d'attente pour obtenir un de ses instruments est toujours longue. Il possède, avec son frère Raymond, un magasin de musique à Montmagny. En plus de l'accordéon, M. Messervier joue aussi du violon, du saxophone, de la guitare et de la batterie. Lors de ses représentations, il est accompagné par sa famille et autres membres de l'Orchestre Messervier. Son fils, Marcel Messervier Junior, est un pianiste de qualité, de même qu'un fabricant d'accordéon.

M. Messervier Senior a un style ornementé, énergique et rythmique qui convient parfaitement à la musique de danse. C'est un compositeur prolifique dont les airs sont généreusement repris par les accordéonistes québécois et étrangers. Cette rapide popularité est surprenante puisqu'il n'a, pour autant que nous le sachions, jamais publié aucune pièces, et a seulement enregistré deux airs dans un album anthologique *Accordéons diatoniques*. Nous présentons ici quelques-uns de nos airs préférés.

Marcel Messervier is an influential composer, accordionist and accordion-maker from Montmagny. Born in 1934, he learned a large repertoire from his father Joseph, also an accordionist. Marcel began building accordions at age 13, and is now considered a master of the art of building and restoration. There is always a long waiting-list for his instruments. He runs a music store in Montmagny with his brother Raymond. In addition to accordion, Messervier also plays fiddle, sax, guitar and drums. He performs with family members and others in the Orchestre Messervier. His son, Marcel Messervier, Jr., is a fine pianist and an accordion-maker as well.

Messervier, Sr. plays with an energetic, ornamented and rhythmic style especially suited to dance music. He is a prolific tunesmith whose compositions are eagerly taken up by accordionists all over Québec and beyond. This rapid dissemination of his tunes is amazing, because so far as we know, he has not published any of his tunes, and has only made one recording (of two tunes) on the anthology, *Accordéons diatoniques*. We present here some of our favorite Messervier tunes.

102 Hommage à nos musiciens (tr. tribute to our musicians)

Composé par Marcel Messervier. Cette version est interprétée par Pépin/Ornstein dans *Les Danseries de Québec...de l'autre bord de l'eau*. Avec la permission de l'auteur. Copyright SOCAN.

Conseils de style : Suivez une structure d'accents mobiles (voir Introduction).

Composed by Marcel Messervier. This version is from Pépin/Ornstein: *Les Danseries de Québec...de l'autre bord de l'eau*. Used with permission. Copyright SOCAN.

Style tip: Use moveable accent pattern (see Introduction).

103 Le petit bal à l'huile

Composé par Marcel Messervier comme thème musical d'une émission radiophonique locale du même nom. Cette version nous a été enseignée par Lisa Ornstein. Le titre fait référence à l'époque où les maisons, et les bals, étaient éclairés à la lampe à l'huile. Avec la permission de l'auteur. Copyright SOCAN.

Composed by Marcel Messervier as the theme tune for a local radio program of the same name. We learned this version from Lisa Ornstein. The title refers to a time when evening house parties and dances were lit by oil lamps. Used with permission. Copyright SOCAN.

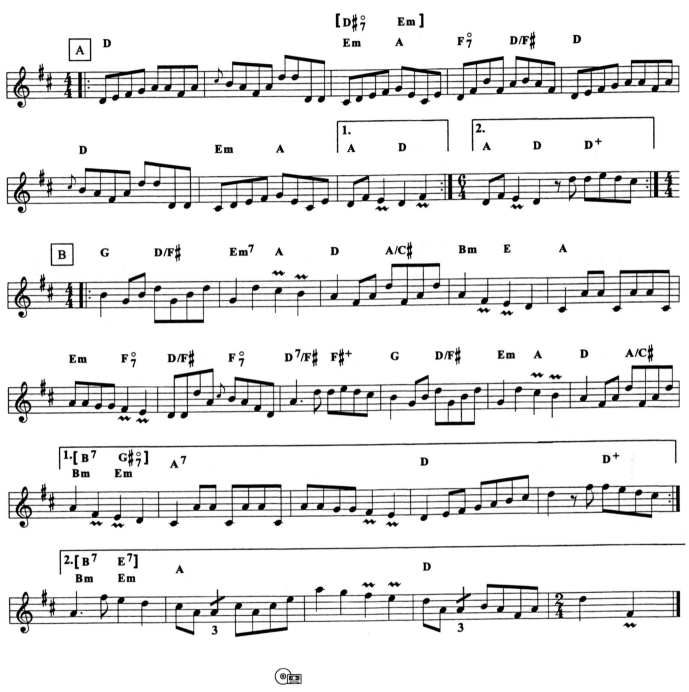

Les Frères Brunet: *Magie.*

104 Reel des accordéonistes

Composé par Marcel Messervier. Cette version est tirée de *Tout comme au jour de l'an* de La Bottine souriante. Avec la permission de l'auteur. Copyright SOCAN.

Composed by Marcel Messervier. This version is from La Bottine souriante: *Tout comme au jour de l'an*. Used with permission. Copyright SOCAN.

Denis Pépin: *Danseries de la belle province.*

105 Reel Joseph

Composé par Marcel Messervier. Nous avons appris cette version auprès de l'accordéoniste Stéphane Landry (né à Charny en 1970) dont le style animé, entraînant et précis en fait notre interprète favori du répertoire de M. Messervier. Avec la permission de l'auteur. Copyright SOCAN.

Composed by Marcel Messervier. We learned this version from accordionist Stéphane Landry (born 1970 in Charny), whose animated, danceable, yet precise style makes him one our favorite interpreters of Messervier's repertoire. Used with permission. Copyright SOCAN.

Daniel Roy: *Au tour du flageolet.*

106 Reel Ti-Mé

Composé par Marcel Messervier. Cette version est celle de M. Messervier lui-même. Ti-Mé est le surnom du violoneux et beau-père de M. Messervier, Aimé. Avec la permission de l'auteur. Copyright SOCAN.

Composed by Marcel Messervier. This version is from Messervier himself. Ti-Mé is the nickname of Messervier's father-in-law Aimé, a fiddler. Used with permission. Copyright SOCAN.

107 Valse à Jessy

Composé par Marcel Messervier. Cette version est celle de l'accordéoniste Normand Miron. Jessy est la filleule et la nièce de Marcel. Avec la permission de l'auteur. Copyright SOCAN.

Conseils de style : N. Miron joue parfois la combinaison de noires et croches en duplets égaux. Mélanger les swings et les croches égales est une technique que nous avons souvent entendu dans les valses.

Composed by Marcel Messervier. This version is from accordionist Normand Miron. Jessy is Marcel's god-daughter and niece. Used with permission. Copyright SOCAN.

Style tip: Miron occasionally plays the quarter-eighth combination as an even duplet. Mixing swing and even eighth notes is a technique we've often heard used in waltzes.

Ornstein/Pépin: *Les Danseries de Québec...de l'autre bord de l'eau.*

108 Valse Bernadette

Composé par Marcel Messervier pour sa mère. Cette version est celle du compositeur. Avec la permission de l'auteur. Copyright SOCAN.

Conseils de style : À jouer en général avec des croches égales, agrémentés de quelques swings. Sur les notes longues, Messervier accentue les temps intermédiaires.

Composed by Marcel Messervier for his mother. This version is from the composer. Used with permission. Copyright SOCAN.

Style tips: Play with generally even eighth notes, occasionally adding swing. On the long notes, Messervier pulses the intermediate beats.

La Bottine souriante: *Tout comme au jour de l'an.*

Raynald Ouellet

Né à Montréal en 1956, **Raynald Ouellet** est accordéoniste, compositeur, enseignant, violon-celliste et fabricant d'accordéon. Il commença à jouer de l'accordéon à l'âge de deux ans et demi et apprit au fil des ans le répertoire de sa famille issue de la région de Montmagny. Des artistes tels que Messervier, Bruneau, Verret et Kimmel l'ont aussi influencé. Son style est très ornementé, précis, plein d'entrain et d'énergie. Il fit partie du groupe Éritage de 1977 à 1984 et se produit toujours sur la scène internationale. Il vit aujourd'hui à Montmagny où il est le directeur artistique du festival annuel Carrefour mondial de l'accordéon.

Raynald Ouellet, born in Montréal in 1956, is an accordionist, composer, teacher, cellist and accordion-maker. He began playing accordion at age two and a half, and proceeded over the years to learn his family repertoire from the Montmagny region. His other influences include Messervier, Bruneau, Verret and Kimmel. He plays with a precise, highly-ornamented style, full of swing and energy. He was a member of the group Éritage from 1977 to 1984, and continues to perform internationally. He now lives in Montmagny, where he is artistic director of the yearly festival, Carrefour mondial de l'accordéon (tr. accordion world cross-roads).

Raynald Ouellet

109 La bonne rivière (tr. the good river)

Composé par Raynald Ouellet qui interprète cette pièce dans *La ronde des voyageurs* d'Éritage. Selon les notes d'accompagnement de l'album, R.Ouellet a composé cet air dans l'esprit et le style de Montmagny. Avec la permission de l'auteur. Copyright 1982 Raynald Ouellet.

Structure : ABAC.

Composed by Raynald Ouellet. He plays this tune on Éritage: *La ronde des voyageurs*. The album's liner notes tell us that he composed it in the Montmagny style. Used with permission. Copyright 1982 Raynald Ouellet.

Form: ABAC.

110 Valse du vieux moulin (tr. the old mill waltz)

Composé par Raynald Ouellet et le pianiste Marcel Messervier Junior. Avec la permission de l'auteur. Copyright 1987 Raynald Ouellet.

Conseils de style : Faites usage d'un mélange de croches égales et swinguées.

Composed by Raynald Ouellet and pianist Marcel Messervier, Jr. Used with permission. Copyright 1987 Raynald Ouellet.

Style tip: Use a mix of even and swing eighth notes.

Valse du vieux moulin

111 Xiphos

Composé et interprété par Raynald Ouellet dans le recueil anthologique *Accordéons diatoniques*. « Xiphos » signifie en grec « épée ». Avec la permission de l'auteur. Copyright 1989 Raynald Ouellet.

Composed by Raynald Ouellet, who plays it on the anthology *Accordéons diatoniques*. "Xiphos" is Greek for "sword". Used with permission. Copyright 1989 Raynald Ouellet.

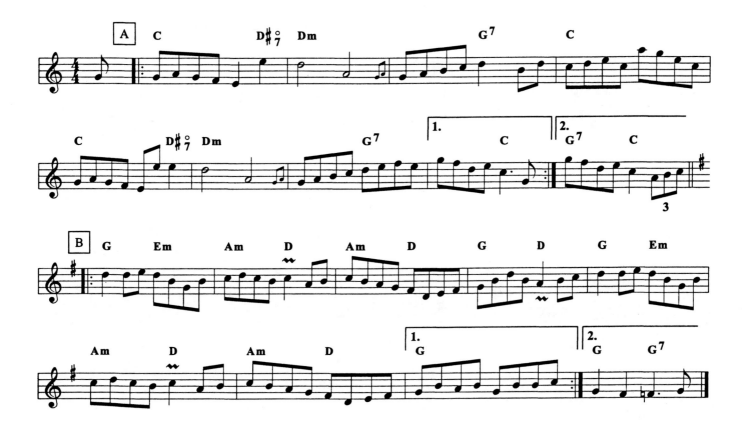

Lorenzo Picard

Accordéoniste de Montmagny, **Lorenzo Picard** est né en 1910. Suivant une tradition musicale familiale (le père de L. Picard était accordéoniste et violoneux), son fils Hervé joue aussi de l'accordéon. Le répertoire de Lorenzo Picard comprend la musique de Guilmette, Montmarquette et Duguay ainsi que des compositions personnelles.

Lorenzo Picard, an accordionist from Montmagny, was born in 1910. In keeping with a family tradition of music (his father was an accordionist and fiddler), Picard's son Hervé plays accordion as well. Lorenzo Picard's repertoire includes the music of Guilmette, Montmarquette and Duguay as well as his own compositions.

112 **Reel du père Bruneau** (tr. Father Bruneau's reel)

Composé par Lorenzo Picard en l'honneur de Philippe Bruneau. Cette version provient des *Danseries de la belle province* d'Ornstein/Pépin. Avec la permission de l'auteur. Copyright 1984 Lorenzo Picard.

Composed by Lorenzo Picard in honor of Philippe Bruneau. This version is from Ornstein/Pépin: *Danseries de la belle province*. Used with permission. Copyright 1984 Lorenzo Picard.

Les Frères Brunet: *Magie*.

Adélard Thomassin

Adélard Thomassin est un accordéoniste et compositeur né à Québec en 1927. Adolescent, il apprit son répertoire des Montagnards Laurentiens, de Gérard Lajoie et autres artistes. Dès les années 50 et pendant près de 30 ans, il joua dans L'orchestre de Gilbert Trudel pour des spectacles télévisés, radiophoniques et de danse ainsi qu'au Carnaval annuel de Québec. Homme de scène, A. Thomassin se produit au niveau international et a enregistré de nombreux albums. Son style vivant, typique de la région de Québec n'est pas aussi orné que celui de M.Messervier ou P.Bruneau.

Adélard Thomassin is an accordionist and tunesmith born in Québec City in 1927. As a teenager he learned his repertoire from Les Montagnards Laurentiens, Gérard Lajoie and others. For nearly 30 years beginning in the 1950s, he played with L'orchestre de Gilbert Trudel for dances, TV and radio shows and at the yearly Carnaval de Québec. Apparently quite a showman, Thomassin performs internationally, and has made many recordings. His animated playing style, typical of the Québec City region, is not as ornamented as that of Messervier or Bruneau.

113 Gigue du père Mathias (tr. Father Mathias' step-dance)

Composé par Adélard Thomassin qui l'interprète dans son album de 1978, *Musique traditionnelle pour la danse, région de Québec*. Avec la permission de l'auteur. Copyright 1978 Adélard Thomassin.

Composed by Adélard Thomassin, who plays it on his 1978 LP, *Musique traditionnelle pour la danse, région de Québec*. Used with permission. Copyright 1978 Adélard Thomassin.

Adélard Thomassin

156

SECTION IV : Pièces composées par d'autres instrumentistes/ Tunes Composed By Other Instrumentalists

Jean-Paul Loyer 157
114 Marche au camp (tr. camp-walk) 157
115 Le tourment (tr. the torment) 158
116 Reel en la (in A) 159
André Marchand 160
117 Valse des bélugas (tr. waltz of the belugas) 160
Jean-Claude Mirandette 161

118 Rock 'n Reel 161
119 Reel de l'orient (tr. reel of the East) 162
120 Valse du mois d'novembre
(tr. month of November waltz) 163
121 La veuve du pendu (tr. the hanged man's widow) ... 164
Daniel Roy 166
122 La pipe 166

Daniel Roy

Jean-Paul Loyer

Jean-Paul Loyer (né en 1952 à Montréal) a vécu la plupart de sa vie près de Joliette. Il est un compositeur qui joue de la guitare, du banjo et de la mandoline. Sa discographie comprend des albums enregistrés avec le groupe vocal Hommage aux aînés, Les Frères Labri, *Détournement majeur* (un duo de guitares innovateur) et son propre groupe Ojnab (banjo à l'envers). Ses compositions signalent des influences de musiques québécoises et celtiques ainsi que d'autres styles. 🔊

Jean-Paul Loyer (born in 1952, Montréal) has lived near Joliette most of his life. He is a tunesmith who plays guitar, banjo and mandolin. His discography includes albums with the vocal group Hommage aux aînés (tr. homage to our elders), Les Frères Labri, and *Détournement majeur* (an innovative album of guitar duos), and his own group Ojnab (banjo spelled backwards). His compositions show influences from québécois and Celtic music as well as other styles. 🔊

114 Marche au camp (tr. camp-walk)

Composé par Jean-Paul Loyer. Cette version est interprétée dans *Le messager* d'Ojnab. À la guitare, Jean-Paul joue la partie B une octave plus basse. Avec la permission de l'auteur. Copyright 1995 Jean-Paul Loyer.

Conseils de style : Au violon ou à la flûte, essayez un « Irish roll » sur les noires pointées comme variation.

Composed by Jean-Paul Loyer. This version is from Ojnab: *Le messager* (tr. the messenger). On guitar, Jean-Paul plays the B part in the lower octave. Used with permission. Copyright 1995 Jean-Paul Loyer.

Style tip: On fiddle or flute, try a full Irish roll on the dotted quarter notes as a variation.

115 Le tourment (tr. the torment)

Composé par Jean-Paul Loyer. Cette version est tirée de l'enregistrement *Le messager* d'Ojnab. Nous préférons cet air au violon en tonalité sol (montée d'une quinte). Avec la permission de l'auteur. Copyright 1995 Jean-Paul Loyer.

Composed by Jean-Paul Loyer. This version is from Ojnab: *Le messager*. On fiddle we prefer it in the key of G (up a fifth). Used with permission. Copyright 1995 Jean-Paul Loyer.

116 Reel en la (in A)

Composé par Jean-Paul Loyer à la guitare. Avec la permission de l'auteur. Copyright 2001 Jean-Paul Loyer.

Composed by Jean-Paul Loyer on guitar. Used with permission. Copyright 2001 Jean-Paul Loyer.

André Marchand

André Marchand (né en 1953 à Joliette) est guitariste, chanteur, ingénieur du son et compositeur. Sa voix, son style original de guitare d'accompagnement et son tapement de pieds peuvent être appréciés dans de nombreux albums de La Bottine souriante, avec qui il a joué pendant plus de 15 ans. Depuis, il a participé à quantité d'excellents enregistrements avec différents groupes, tant comme interprète (guitare principale, guitare d'accompagnement, chanteur) que comme ingénieur de son au Studio du chemin 4 de Joliette. 🖭

André Marchand (born in 1953, Joliette) is a guitarist, singer, sound engineer and tunesmith. His singing, innovative guitar back-up style and foot-tapping can be heard on many albums of La Bottine souriante, with whom he played for over 15 years. Since then he has participated in many excellent recordings with different groups, whether playing lead or back-up guitar, singing, or engineering at Studio du chemin 4 in Joliette. 🖭

117 Valse des bélugas (tr. waltz of the belugas)

Composé par André Marchand. Cette version est interprétée par l'enivrante mandoline de Michel Bordeleau en tonalité de sol dans *Je voudrais changer d'chapeau* de La Bottine souriante. Nous avons transposé cet air dans la tonalité de ré selon la version d'origine d'A. Marchand. Ce dernier a dédicacé cette pièce à sa fille Jeanne lors de sa naissance, avec l'espoir qu'elle ait la chance de voir un jour des bélugas (mammifère marin), espèce en danger du St-Laurent. Avec la permission de l'auteur. Copyright 1988 André Marchand.

Composed by André Marchand. This version is from the haunting mandolin-playing of Michel Bordeleau on La Bottine souriante: *Je voudrais changer d'chapeau*, where it is played in the key of G. We have transposed it back to Marchand's original key of D. Marchand dedicated this tune to his newborn daughter, Jeanne, with the hope that she would have a chance to see the endangered beluga whales that live in the St-Lawrence River. Used with permission. Copyright 1988 André Marchand.

Conseils de style : À jouer avec des croches égales. Mode mixolydien.

Style tip: Play with even eighth notes. Mixolydian mode.

André Marchand

Jean-Claude Mirandette

Jean-Claude Mirandette (né en 1956 à St-Zénon, village situé au nord de Joliette) joue de la guitare, du banjo à cinq cordes, de la mandoline et du violon. C'est aussi un chanteur et compositeur. J.C. Mirandette tient une partie de son répertoire de violon de son oncle, lui aussi violoneux (Voir Lucien Mirandette). Ses enregistrements comprennent des productions en solo et des albums avec Les Frères Labri, Ojnab, et Les charbonniers de l'enfer. (cassette)

Jean-Claude Mirandette (born in 1956 in St-Zénon, a village north of Joliette) plays guitar, 5-string banjo, mandolin and fiddle, and is a singer and composer as well. Some of Mirandette's fiddle repertoire comes from his uncle, who was a fiddler. (See Lucien Mirandette.) Jean-Claude's recordings include solo productions and albums with Les Frères Labri, Ojnab, and Les charbonniers de l'enfer. (cassette)

118 Rock 'n Reel

Composé par Jean-Claude Mirandette à la guitare en tonalité de mi. Nous avons transposé cette tonalité en ré, tonalité plus facile pour la plupart des instruments. Avec la permission de l'auteur. Copyright 2001 Jean-Claude Mirandette.

Conseils de style : Accord guitare pour la tonalité d'origine : mi-si-si-mi-si-mi.

Composed by Jean-Claude Mirandette on guitar in the key of E. We have transposed it to D, an easier key for most instruments. Used with permission. Copyright 2001 Jean-Claude Mirandette.

Style tip: Guitar tuning for original key: E-B-B-E-B-E.

Essayez un accompagnement boogie-woogie / Try a boogie-woogie accompaniment:

119 Reel de l'orient (tr. reel of the East)

Composé par Jean-Claude Mirandette à la guitare. Avec la permission de l'auteur. Copyright 2001 Jean-Claude Mirandette.

Composed by Jean-Claude Mirandette on guitar.   Used with permission. Copyright 2001 Jean-Claude Mirandette.

120 Valse du mois d'novembre (tr. month of November waltz)

Composé par Jean-Claude Mirandette à la guitare en tonalité de sol. Nous avons adapté cette pièce au violon en transposant la tonalité en la. Avec la permission de l'auteur. Copyright 2001 Jean-Claude Mirandette.

Conseils de style : La dernière partie n'est pas jouée à chaque fois. La structure pourrait par exemple être : AB AB AB AC AB AB AB. Parties B et C en mode mixolydien. À jouer avec des croches swinguées. Accord guitare pour la tonalité d'origine : accorder la dernière corde en ré, avec le capo sur la 5e barrette (fret).

Composed by Jean-Claude Mirandette on guitar in the key of G. We have transposed it to A so it will fit on the fiddle. Used with permission. Copyright 2001 Jean-Claude Mirandette.

Style tips: The last part is not played every time; for example, the form could be AB AB AB AC AB AB AB. Mixolydian mode in B and C parts. Play with swing eighth notes. Guitar tuning for original key: dropped D tuning, capo 5th fret.

Jean-Claude Mirandette

121 La veuve du pendu (tr. the hanged man's widow)

Composé par Jean-Claude Mirandette au banjo. Cette pièce est la suite donnée par J.C Mirandette à l'air traditionnel du **Reel du pendu**. (Voir aussi pièces 39 et 85). Avec la permission de l'auteur. Copyright 2001 Jean-Claude Mirandette.

Composed by Jean-Claude Mirandette on banjo. This tune is Mirandette's sequel to the traditional tune **Reel du pendu**. (See related tunes, #39 and #85.) Used with permission. Copyright 2001 Jean-Claude Mirandette.

Conseils de style : Structure ABCDEFE. Accord banjo à 5 cordes : mi (pour la petite corde)-la-mi-la-la. Accord violon : la-mi-la-mi.

Style tips: Form: ABCDEFE. 5-string banjo tuning: E (short string)-A-E-A-A. Fiddle tuning: A-E-A-E.

Daniel Roy

Daniel Roy (né en 1956) joue du flageolet, flageolet basse, bombarde (guimbarde), harmonica et percussions. Il est chanteur aussi. Il animait depuis plus de 15 ans une série radiophonique consacrée à la musique traditionnelle québécoise et irlandaise à Québec. Il a fait partie de La Bottine souriante et de Manigance, et a participé à la fondation du groupe Entourloupe en 1993. Il présente aussi des ateliers dans les écoles et accompagne Michel Faubert comme musicien. En 1996, il a produit un album en solo *Au tour du flageolet*.

Daniel Roy (born in 1956) plays wooden whistle (flageolet), low whistle, jew's-harp, harmonica and percussion. He is also a singer. For more than 15 years he hosted a radio program of québécois and Irish music in Québec City. He is a former member of La Bottine souriante and Manigance, and in 1993 he helped start the group Entourloupe. He also presents programs for school children, and accompanies storyteller/singer Michel Faubert. Roy produced a solo album in 1996, *Au tour du flageolet* (tr. it's the whistle's turn).

122 La pipe

Composé par Daniel Roy. Cette version est tirée *d'Au tour du flageolet*. La pièce est interprétée au flageolet à une octave supérieure par rapport à notre transcription. Parfois, Roy joue la 4e mesure de la partie C une octave encore au-dessus. Avec la permission de l'auteur. Copyright 1996 Daniel Roy.

Composed by Daniel Roy. This version is from *Au tour du flageolet*. On the whistle, the tune sounds an octave higher than we have written it. Sometimes Roy plays the 4th bar of the C part another octave above that. Used with permission. Copyright 1996 Daniel Roy.

Appendices

Appendice / Appendix I : Index des Accompagnateurs / Accompanists' Index

Les accords de près de la moitié des pièces de ce livre ont été largement influencés ou sont exactement identiques à ceux interprétés par les accompagnateurs cités ci-dessous. Les accords du reste des pièces ont été composé par Greg Sandell ou sont des accords devenus pratique courante au travers des multiples concerts, les auteurs de ces accords appartenant désormais au passé.

Note : Les numéros font référence aux numéros des pièces et non aux numéros de pages.

Chords for about half the tunes in this book are highly influenced by, or exactly like, those we've heard played by the accompanists listed below. Chords for the remainder of the tunes were either written by Greg Sandell or are chords that have become "common practice" through widespread performance, and the author of the chords has become lost to history.

Note: Numbers refer to tune numbers, not page numbers.

Guy Bouchard : 18, 19, 20, 89, 90
Yvan Brault : 24, 25, 50, 58, 60, 63, 64, 66, 95, 109
Brad Foster : 37
Denis Fréchette : 75, 85, 86
Nick Hawes : 15, 17, 44, 102,103
Selma Kaplan : 77
Luc Lavallée : 72
Benoit Legault : 92, 94
André Marchand : 1, 2, 3, 4, 5, 7, 8, 10, 16, 21, 48, 68, 82, 87, 96, 100, 104, 117
Paul Marchand : 93, 114, 115, 122
Danielle Martineau : 101
Arty McGlynn : 52, 73
Marcel Messervier, Jr : 109, 111
Lise Verret : 79, 80, 81, 84, 97

Appendice / Appendix II : Transcriptions des accompagnements pour piano / Piano Accompaniment Transcriptions

Les trois exemples qui suivent illustrent le style de l'accompagnement piano québécois. Plusieurs techniques d'harmonie, de rhythme et de disposition des voix, exposées dans l'Introduction de ce livre, sont illustrées ici en détails.

Le premier, **Carnaval** de Jos Bouchard, pièce 23, donne l'accompagnement de Greg Sandell lors de l'enregistrement de l'album *Gravity Hill*, de Laurie Hart. Cet exemple comprend de nombreuses idées harmoniques inspirées du jeu d'Yvan Brault, de même que des influences du style d'accompagnement pour la contredanse de Nouvelle Angleterre.

Le second, **Galope à Denis** (composé par Yvan Brault et Lisa Ornstein), pièce 95, est une transcription d'Yvan Brault lui-même.

Le troisième, le **Valcartier Set** de Keith Corrigan, pièce 44, démontre le style d'accompagnement pour 6/8, et illustre les idées harmoniques très inventives de Nick Hawes.

These are transcriptions of piano accompaniments that illustrate québécois piano backup style. Many of the techniques of voice leading, harmony and rhythm discussed in "Québécois Accompaniment Style" in the introduction of this book are illustrated in detail here.

The first is for tune #23, Jos Bouchard's **Carnaval**, which is Greg Sandell's own accompaniment that he recorded with Laurie Hart for her album *Gravity Hill*. This uses many harmonic ideas he learned from Yvan Brault's playing, as well as influences from New England contradance piano back-up style.

The second is a transcription of Yvan Brault himself, playing tune #95, **Galope à Denis** (composed by Brault and Lisa Ornstein).

The third is included to provide a demonstration of 6/8 style, and showcases the richly inventive harmonic ideas of Nick Hawes for tune #44, Keith Corrigan's **Valcartier Set**.

23 Carnaval

accompagnement par/accompaniment by Greg Sandell

2|30   1. Fisher's Hornpipe/Reel de Pointe-au-Pic

120   2. Valse du mois d'novembre

113|46|80   3. Gigue du père Mathias/Reel St-Jean/
Reel Joseph

41|44   4. 6/8 en sol/Valcartier Set

77|~~XXX~~ 39   5. Reel des poilus/Reel du pendu   v. flash-turning.

    10/10 lyrical   exciting.

114|116   6. Marche au camp/Reel en la

59|62|78   7. Première partie du lancier/Saut du lapin/
Air du Saguenay

     10/10

90   8. Le violon confesseur   ✓

79   9. Clog à Ti-Jules

     10/10   10/10

46|73   10. Danse du barbier/Cotillon de Baie-Ste-
74   Catherine/La marmotteuse

53|55   11. Valse-clog Guilmette/Valse-clog
Lacroix

95|60   12. Galope à Denis/La ronde des voyageurs

38|11   13. 6/8 en ré/Gigue des capouchons

26|92|26   14. Galope de la Malbaie/Eugène/
Mackilmoyle's Reel

121   15. La veuve du pendu

110   16. Valse du vieux moulin

95 La Galope à Denis

par/by Lisa Ornstein & Yvan Brault
accompagnement par/accompaniment by Yvan Brault
transcription par/by Greg Sandell

44 Valcartier Set, First Part

accompagnement par/accompaniment by Nick Hawes
transcription par/by Greg Sandell

Appendice / Appendix III : Organismes, festivals, camps de formation / Organizations, Festivals, Music Camps

Organismes / Organizations

Centre Mnémo
555, rue des Écoles
Drummondville (Québec) Canada J2B 1J6
(819) 472-3608, (819) 477-5723
www.mnemo.qc.ca

Centre de documentation, d'archives et de diffusion, publiant un périodique (*Bulletin Mnémo*), ainsi que des monographies et son *Guide de la danse et de la musique traditionnelles du Québec*.

Center for documentation, archives and promotion, publishes periodical *Bulletin Mnémo*, as well as monographs and the directory *Guide de la danse et de la musique traditionnelles du Québec*.

La Société pour la promotion de la danse traditionnelle québécoise (SPDTQ)
911, rue Jean-Talon est, local 010
Montréal (Québec) Canada H2R 1V5
(514) 273-0880, (514) 273-9727
www.spdtq.qc.ca

Association organisant (entre autres) Les Veillées du Plateau (danses mensuelles), le camp de formation Danse-Neige, le festival La Grande Rencontre, et dirigeant l'École des arts de la veillée.

Association which organizes (among others) Les Veillées du Plateau (monthly dances), the music camp Danse-Neige, the festival La Grande Rencontre, and directs a school of the arts.

Centre de valorisation du patrimoine vivant (CVPV)
310, boul. Langelier suite 241
Québec (Québec) Canada G1K 5N3
(418) 647-1598, (418) 647-4439
www.mcc.gouv.qc.ca/pamu/organis/cvpv/cvpv.htm

Association vouée à la promotion et à la diffusion du patrimoine vivant dans la région de Québec (festival, veillées, ateliers, expositions...).

Association dedicated to the promotion and diffusion of folk arts in the Québec City region (festival, dances, workshops, expositions...).

Conseil québécois du patrimoine vivant (CQPV)
C.P. 1442
Québec (Québec) Canada G1K 7G7
(418) 522-5892, (418) 647-4439
www.gouv.qc.ca/pamu/organis/cqpv/cqpv.htm

Regroupement des intervenants de tous les domaines du patrimoine vivant.

Network of participants in all the folk arts.

Association québécoise des loisirs folkloriques (AQLF)
4545, avenue Pierre-de-Coubertin
C.P. 1000, Succursale M
Montréal (Québec) Canada H1V 3R2
(514) 252-3022, (514) 251-8038
aqlf@quebecfolklore.qc.ca

Ancienne association des violoneux, regroupant plus de 2000 membres et publiant un Bulletin trimestriel.

Formerly a fiddler's association, with more than 2000 members, publishes a quarterly bulletin.

Trente Sous Zéro / Thirty Below
1108, rue Dollard
Val-Bélair (Québec) G3K 1W6
www.qbc.clic.net/~thirtybe

Catalogue de musique traditionnelle du Québec, avec des disques compacts, des cassettes, des livres, des vidéos, calendrier d'activités.

Catalogue of québécois traditional music, with CDs, cassettes, books and videos, and a calendar of events.

Festivals

La Grande Rencontre
(organisé par / organized by SPDTQ,
voir ci-dessus / see above)

Festival de musique et de danse traditionnelles à Montréal, fin juin.

Montréal music and dance festival at the end of June.

Carrefour mondial de l'accordéon de Montmagny
301, boulevard Taché est, C.P. 71
Montmagny (Québec) Canada G5V 3S3
(418) 248-7927, (418) 248-7927
www.globetrotter.qc.ca/accordeon

Festival de l'accordéon le premier weekend de septembre (Fête du Travail).

Accordion festival in Montmagny on Labor Day weekend.

Festival Mémoire et Racines
C.P. 4
Joliette (Québec) Canada J6E 3Z3
(450) 752-6798, (450) 759-8749
www.memoireracines.qc.ca

Festival de musique traditionnelles à Joliette, en juillet.

Music festival in Joliette, in July.

Le Festival international des arts traditionnels (FIAT)
(organisé par / organized by CVPV,
voir ci-dessus / see above)

Festival à Québec en octobre.

Festival in Québec City in October.

Champlain Valley Festival
c/o Janice Hanson: jhanson@flynntheatre.org
www.cvfest.together.com

Festival en août, au Vermont (États-Unis), accueillant des artistes du Québec.

Festival in Vermont, USA, in August, with performers from Québec.

Festival of American Fiddle Tunes
Centrum
PO Box 1158
Port Townsend WA 98368 États-Unis/USA
www.centrum.org

Festival et stage se tenant à l'été, dans l'État de Washington, et accueillant des artistes québecois.

Summer festival in Washington state, with performers from Québec.

```
Solstice Festival
California Traditional Music Society
4401 Trancas Pl.
Tarzana CA 91356 États-Unis/USA
ctms@lafn.org
```

Festival californien présentant des artistes du Québec.

California festival with performers from Québec.

Camps de formation / Music Camps

```
Danse-neige
(organisé par / organized by SPDTQ,
voir ci-dessus / see above)
```

Camp de musique et de danse, en mars, dans la région de Lanaudière.

Dance and music camp in March in the Lanaudière region.

```
Camp d'été
(organisé par / organized by SPDTQ,
voir ci-dessus / see above)
```

Camp en août, dans les Laurentides.

Summer camp in August in the Laurentides region.

```
Ashokan Fiddle and Dance Camp (Northern Week)
987 route 28 A
West Hurley NY 12491 États-Unis/USA
(914) 338-2996
www.jayandmolly.com
```

Camp de musique et de danse, se tenant dans l'État de New York en août. Ce camp accueille des professeurs québécois en accordéon, violon, accompagnement, danse traditionnelle et gigue.

New York state music and dance camp in August, with fiddle, accordion, accompaniment, social dance and step-dance teachers from Québec.

```
Augusta Heritage Center (French Canadian Week)
Davis and Elkins College
100 Campus Dr.
Elkins West Virginia 26241 États-Unis/USA
www.augustaheritage.com
```

Camp de musique et de danse, se tenant en Virginie de l'Ouest, et accueillant des professeurs du Québec.

West Virginia music and dance camp with teachers from Québec.

```
Pinewoods
Country Dance and Song Society
17 New South St.
Northampton MA 01060 États-Unis/USA
www.cdss.org
```

Autre camp de danse et de musique, dans le Massachusetts, accueillant parfois des professeurs québécois.

Massachusetts music and dance camp, sometimes with teachers from Québec.

Appendice / Appendix IV : Discographie/Bibliographie

Voici une liste de 33 tours, cassettes, CD, livres, films et enregistrements vidéo de musique instrumentale traditionnelle du Québec (et également de musique vocale) et des musiciens et compositeurs mentionnés dans ce livre. Chaque pièce et document cité est répertoriés par ordre alphabétique par nom de musicien, groupe, éditeur ou auteur.

Cette liste n'est pas complète. Bon nombre de pièces et documents peuvent être inconnus ou introuvables mais certains ont peut-être été, ou le seront bientôt, réédités ou regravés sur cassette et CD. Dans certains cas, nous avons cité les sources disponibles aux moments de la rédaction de ce livre. Nous vous prions d'excuser toutes erreurs ou omissions. La plupart des personnes de cette discographie peuvent être directement rejointes grâce aux coordonnées complètes fournies dans le *Guide Mnémo de la danse et de la musique traditionnelles du Québec* du Centre de documentation Mnémo (voir Appendice III).

Les explications suivantes peuvent vous être utiles :

This is a selected list of LPs, cassettes, CDs, books, films and videos pertaining to the traditional instrumental music of Québec (and some vocal music as well), and especially to the players and composers mentioned in this book. The list is alphabetical by name of musician, group, editor or author.

This list is not complete. Many items are obscure or out of print, but some may have been (or will be) reissued on CD/cassette or reprinted. We have indicated sources for some items that were available at the time of writing. Please excuse any errors or omissions. Many of the people on this list can be contacted directly by finding their addresses in the directory, *Guide Mnémo de la danse et de la musique traditionnelles du Québec*, from Centre de documentation Mnémo (see Appendix III).

In the interest of saving space, this discography is in French only, except for a few abbreviations and English-language items. The following explanations may be helpful:

> Voir = see
> livre = book
> avec = with
> LP = microsillon / 33-rpm record
> CD = disque compact / compact disc
> TSZ = disponible via le catalogue Trente sous zéro de janvier 1999 (voir Appendice III) / available through Thirty Below catalogue as of January 1999 (see Appendix III).
> AQLF = disponible à / available through l'Association québécoise des loisirs folkloriques (voir / see Appendice III).
> MP = disponible aux / available through Productions Mille-Pattes, 503 Archambault, Joliette (Québec) J6E 2W6 ; www.millepattes.com.

Les anthologies

100 ans de musique traditionnelle, vols. 1, 2, 1900-1940, CD, 1998. Avec Henri Lacroix, Joseph Guilmette, Isidore Soucy, Willie Ringuette, Fortunat Malouin, Joseph Allard, Alfred Montmarquette, Louis Blanchette, Jos Bouchard et al. TSZ.

Accordéons diatoniques, Centre de valorisation du patrimoine vivant, 1989, CD. Avec Marcel Messervier, Stéphane Landry, Joseph-Marie Tremblay, Raynald Ouellet, Adélard Thomassin, Yvan Verret, Marcel et Phylias Pigeon, et al. TSZ.

C'est dans la Nouvelle France, 1975, LP. Le Tamanoir.

Les Reels: Musique traditionnelle du Québec, vol. 1, CD. Le Tamanoir. Avec Boudreault, Bouchard et al.

Les individus et les groupes

Alain, André: *Violoneux de St-Basile-de-Portneuf,* 1986, cassette. Avec Pierre Laporte et André Marchand. TSZ.

Alain, René: *Hommage à René Alain, le roi de l'accordéons à pitons, vol. 1-2,* Catalogne, 1973/1974, LPs.

Allard, Joseph: *Joseph Allard, violoneux—Portrait du vieux Kébec, vol. 11,* Le Tamanoir, 1974, LP.

Allard, Joseph: *Masters of French Canadian Dances—Joseph Allard, violin,* Smithsonian Folkways, 1979 LP, 1988 cassette.

Allard, Joseph: *Hommage à Joseph Allard: airs traditionnels pour violon,* Yvon Cuillerier, AQLF, 1993, livre et cassettes/CD. Avec Luc Lavallée. TSZ.

Allard, Joseph: *100 ans de musique traditionnelle, vols. 1, 2, 1900-1940,* CD, 1998. TSZ.

Arc-en Son: *Le bonhomme qui riait,* CD/cassette. 1997. TSZ.

Barnes, Peter: *Interview With A Vamper: Piano Accompaniment Techniques for Traditional Dance Music,* 1993, livre. Peter Barnes, 5 Sandy Pond Road, Lincoln, Massachusetts 01773-2006 USA.

Beaudoin, Louis: *Louis Beaudoin,* Philo-2000, 1973, LP.

Beaudoin, Louis: *La Famille Beaudoin,* Philo-2022, 1976, LP.

Bégin, Carmelle: *La musique traditionnelle pour violon: Jean Carignan,* ed. Carmelle Bégin, Musée National de l'Homme, 1981, livre.

Bégin, Carmelle: *Philippe Bruneau: Musique traditionnelle pour accordéon diatonique,* Musée canadien des Civilisations, 2ième édition, 1993, livre. TSZ.

Blanchette, Louis: *Héritage québécois,* MCA Coral, 1991, CD/cassette.

Blanchette, Louis: *100 ans de musique traditionnelle, vols. 1, 2, 1900-1940,* CD, 1998. TSZ.

Bordeleau, Michel: Voir La Bottine souriante, Les Charbonniers de l'enfer.

Bottine souriante, La: *Y a ben du changement,* 1978, CD/cassette. Avec Gilles Cantin, Mario Forest, Yves Lambert, Pierre Laporte et André Marchand. MP.

Bottine souriante, La: *Les épousailles,* 1980, cassette. Avec Gilles Cantin, Guy Bouchard, Yves Lambert, Martin Racine, Pierre Laporte et André Marchand (Lisa Ornstein, invitée). MP.

Bottine souriante, La: *Chic & swell,* 1983, CD/cassette. Avec Mario Forest, Yves Lambert, André Marchand, Martin Racine et Daniel Roy (Lisa Ornstein, invitée). MP.

Bottine souriante, La: *La traversée de l'atlantique,* 1986, CD/cassette. Avec Yves Lambert, André Marchand, Martin Racine, Bernard Simard. MP.

Bottine souriante, La: *Tout comme au jour de l'an,* 1987, CD/cassette. Avec Michel Bordeleau, Martin Racine, Yves Lambert et André Marchand. MP.

Bottine souriante, La: *Je voudrais changer d'chapeau,* 1988, CD/cassette. Avec Michel Bordeleau, Yves Lambert, André Marchand, Martin Racine, Denis Fréchette et Réjean Archambault (Lisa Ornstein et al., invités). MP.

Bottine souriante, La: *Jusqu'aux p'tites heures,* 1991, CD/cassette. Avec Michel Bordeleau, Yves Lambert, Martin Racine, Denis Fréchette, Réjean Archambault et al. MP.

Bottine souriante, La: *La mistrine,* 1994, CD/cassette. Avec Michel Bordeleau, Yves Lambert, Martin Racine, Denis Fréchette, Réjean Archambault et al. MP.

Bottine souriante, La: *En spectacle,* 1996, CD/cassette. Avec Michel Bordeleau, Yves Lambert, Martin Racine, Denis Fréchette, Réjean Archambault et al. MP.

Bottine souriante, *La: Xième (Rock'N Reel* in USA), 1998, CD. Avec Michel Bordeleau, Yves Lambert, André Brunet, Denis Fréchette, Réjean Archambault et al. EMI/MP (Blue Note in USA).

Bouchard, Guy, et Liette Remon: *Airs tordus 25 Crooked Tunes, vols. 1 et 2,* 1996, 1997, livres. TSZ.

Bouchard, Guy et Les têtes de violon: *Airs tordus/Crooked Tunes,* CD, 1997. TSZ.

Bouchard, Guy: Voir La Bottine souriante.

Bouchard, Jos: *Reel carnaval,* Compo, 1968, LP.

Bouchard, Jos: Jos Bouchard: *Violoneux de l'Île d'Orléans, Portrait du vieux Kébec, vol. 13,* Le Tamanoir, 1975, CD/cassette. TSZ.

Bouchard, Jos: *Jos Bouchard, violoneux: Musique et danse traditionnelle de Charlevoix,* Le Tamanoir, 1978, LP.

Bouchard, Jos: *100 ans de musique traditionnelle, vols. 1, 2, 1900-1940,* CD, 1998. TSZ.

Boudreault, Louis: *Louis « Pitou » Boudreault, violoneux-raconteur, Saguenay-Lac St-Jean, Portrait du vieux Kébec, vol. 2,* Le Tamanoir, 1974, LP.

Boudreault, Louis: *Louis Boudreault: Musique traditionnelle du Québec: violon,* Le Tamanoir, 1974/1976, CD/cassette. TSZ.

Boudreault, Louis: *Louis « Pitou » Boudreault, violoneux, Portrait du vieux Kébec, vol. 12,* Le Tamanoir, 1976, LP.

Boudreault, Louis: *Pitou Boudreault, violoneux,* série « Le son des Français d'Amérique », réalisation Michel Brault et André Gladu, Nanouk Films, film/vidéo, 1976. TSZ.

Boudreault, Louis: *Louis Boudreault: Old-Time Fiddler of Chicoutimi, Québec,* Voyager, 1977, LP/cassette. Elderly Instruments, tel. 517-372-7890.

Boudreault, Louis: *A Life of Music: History and Répertoire of Louis Boudreault, Traditional Fiddler from Chicoutimi,* Lisa Ornstein, Thèse de M A, Université Laval, 1985.

Brody, David: *The Fiddler's Fakebook,* Oak Publications, 1983, livre.

Bruneau, Philippe, et Jean Carignan: *French Canadian Fiddle Songs,* Legacy, 1966, LP.

Bruneau, Philippe: *Philippe Bruneau*, Philo 2003, 1973, LP. Avec Yvan Brault, piano.

Bruneau, Philippe: *Danses pour veillées canadiennes*, Philo 2006, 1975, LP. Avec Yvan Brault, piano.

Bruneau, Philippe: *Je suis fait de musique*, série «Le son des Français d'Amérique», réalisation Michel Brault et André Gladu, film, 1979.

Bruneau, Philippe: *Accordéons diatoniques, musique québécoise*, Adipho, 1984, LP. Avec Dorothy Hogan, piano.

Bruneau, Philippe, Hermas Réhel et Pierre Chartrand: *La gigue québécoise*, AQLF , 1991, vidéo. TSZ.

Bruneau, Philippe: *Philippe Bruneau: Musique traditionnelle pour accordéon diatonique*, éd. Carmelle Bégin, Musée canadien des Civilisations, 2ième édition, 1993, livre. TSZ.

Brunet, André et Réjean: Voir Les Frères Brunet.

Carignan, Jean: *Jean Carignan, ses premiers enregistrements*, Patrimoine, 1980, LP double. Orig. 1958.

Carignan, Jean, et Philippe Bruneau: *French Canadian Fiddle Songs*, Legacy, 1966, LP.

Carignan, Jean: *Jean Carignan*, Philo-2001, 1973, LP.

Carignan, Jean: *Jean Carignan, violoneux*, 1975, film/vidéo. TSZ.

Carignan, Jean: *Ti-Jean Carignan*, CD. Radio Canada, orig. 1975-76. TSZ.

Carignan, Jean: *Jean Carignan rend hommage à Joseph Allard*, Philo-2012, 1976, LP.

Carignan, Jean: *Archives*, CD, 1976/1998. Avec Gilles Losier. TSZ.

Carignan, Jean: *Jean Carignan joue la musique de Coleman, Morrison, Skinner*, Philo-2018, 1978, LP.

Carignan, Jean: *La musique traditionnelle pour violon: Jean Carignan*, éd. Carmelle Bégin, Musée National de l'Homme, 1981, livre.

Carignan, Jean: *Gigue à deux*, Radio-Canada International, 1989, LP. Avec Gilles Lossier.

Carignan, Jean: *Ti-Jean Carignan le violoneux*, Jade/Héritage, 1989, cassette.

Carignan, Jean: *Musicien traditionnel québécois: Jean Carignan, violoneux*, Patrimoine, 1989 cassette, 1991 CD.

Carignan, Jean: *French Canadian, Irish and Scottish Fiddle Music*, CD. Legacy, Elderly Instruments, tel. 517-372-7890.

Carlin, Richard: *Master Dance Collection of Dance Music for Violin: 299 Traditional Tunes of the British Isles and French Canada*, Mel Bay Publications, 1984, livre.

Charbonniers de l'enfer, Les: *Chansons a cappella*, 1996, CD/ cassette. MP, TSZ. Avec Michel Bordeleau, Michel Faubert, André Marchand, Jean-Claude Mirandette, Normand Miron.

Chartrand, Pierre, Philippe Bruneau, et Hermas Réhel: *La gigue québécoise*, AQLF , 1991, vidéo. TSZ.

Cuillerier, Yvon: *Violon de chez nous: airs traditionnels pour violon, vol. 1*, (50 compositions de Yvon Cuillerier), 1977, CD/ cassette, AQLF.

Cuillerier, Yvon: *Québec pure laine*, 1992, livre et cassette. Avec Richard Forest, Raynald Ouellet, et Daniel Poirier. TSZ.

Cuillerier, Yvon: *Joseph Allard: 50 airs traditionnels pour violon*, livre, AQLF , 1993. TSZ.

Cuillerier, Yvon: *Joseph Allard, Grand violoneux, Hommage*, cassettes/CD, 1993. TSZ.

Dent-de-lion: *Les beaux yeux bleus*, 1995, CD/cassette. TSZ.

Duguay, Théodore: *Masters of French Canadian Music, vol. 4*, Smithsonian Folkways, 1982 LP, 1988 cassette.

Entourloupe: *La St-Berdondaine*, CD, 1998. Avec Daniel Roy, Éric Favreau, Paul Marchand, Stéphane Landry. MP, TSZ.

Entourloupe: *Les choux pis des melons*, CD, 2000. Avec Claude Méthé, Éric Favreau, Paul Marchand, Stéphane Landry. TSZ.

Éritage*: Son-d'or,* 1979, LP.

Éritage: *La ronde des voyageurs*, Fogarty's Cove, 1982, LP. Avec Yvan Brault, Raynald Ouellet, Vincent Ouellet et al.

Famille Soucy, La: Voir Isidore Soucy.

Faubert, Michel: Voir Les Charbonniers de l'enfer.

Faubert, Michel: *Le Passeur (contes et légendes)*, CD. Avec Daniel Roy. MP.

Faubert, Michel: *Maudite mémoire*, CD. MP.

Faubert, Michel: *Carême et Mardi gras*, 1995, CD. MP.

Faubert, Michel: *L'écho des bois*, 1997, CD. Avec Daniel Roy. MP.

Favreau, Éric: *Musique traditionnelle*, 1992, cassette. TSZ.

Favreau, Éric: *Reel à deux*, 1998, CD. Avec Mario Landry, fiddle. TSZ.

Favreau, Éric: Voir Entourloupe.

Forest, Richard, et Tradi/son: *Tradi/son de passage*, 1984, cassette.

Forest, Richard, et Tradi/son: *Inédit*, 1990, cassette.

Forest, Richard: *Québec pure laine*, 1992, livre et cassette. Avec Yvon Cuillerier, Raynald Ouellet, et Daniel Poirier. TSZ.

Forest, Richard: *Hommage à Alfred Montmarquette*, 1995, CD/ cassette. Avec Gabriel Labbé, Mario Loiselle et Sabin Jacques. TSZ.

Forest, Richard et le Bardi-Barda: *La monoparentale du Plateau Mont-Royal*, 1996, CD/cassette. Avec Francine Labrie et Sabin Jacques. TSZ.

Forest, Richard et Christian Laurence: *Dans l'rang St-Elzéar*, 1996, CD/cassette. TSZ.

Forest, Richard, Sabin Jacques et al.: *Les pieds qui parlent*, 1996, CD. TSZ.

Forest, Richard, Sabin Jacques et al.: *Domino*, 1998, CD. Country Dance and Song Society, P.O. Box 338, Haydenville MA 01039 USA.

Frères Brunet, Les: *Magie*, 1995, CD. C.P. 418, Lacolle (Québec) J0J 1J0.

Frères Brunet, Les: *Porteurs de traditions*, CD, C.P. 418, Lacolle (Québec) J0J 1J0.

Frères Labri, Les: *Quand l'vent vire de côté*, 1993, cassette. Avec Jean-Paul Loyer, Jean-Claude Mirandette, André Marchand et Normand Miron. TSZ.

Gagnon, Aimé et al.: *Acadie-Québec*, 1974, LP.

Gagnon, Aimé et al.: *Le miroir d'argent*, anthologie, 1994, CD. TSZ.

Gagnon, Aimé: *Aimé Gagnon, violoneux d'origine*, CD, 1998. TSZ.

Galvaude, La: *La danse des foins*, 1993, cassette/CD. Analekta, 841 r. Querbes, Outremont (Québec) H2V 3X1.

Galvaude, La: *Le rapide du joual blanc*, 1995, cassette/CD. Analekta, 841 r. Querbes, Outremont (Québec) H2V 3X1.

Guérard, Carmen: *La gigue du Plateau Mont-Royal*, 1989, cassette. Avec Luc Lavallée. TSZ.

Girard, Gaétan: *Accordéons diatoniques*, anthologie, Centre de valorisation du patrimoine vivant, 1989, CD. TSZ.

Guilmette, Joseph: *Masters of French Canadian Music vol. 4*, Smithsonian Folkways, 1982 LP, 1988 cassette.

Guilmette, Joseph: *100 ans de musique traditionnelle, vols. 1, 2, 1900-1940*, CD, 1998. TSZ.

Hart, Laurie et William Coulter: *Gravity Hill*, 1992, CD/cassette. 235 Cliff St., Ithaca NY 14850 USA.

Hébert, Donna: *The Grumbling Old Woman*, 1981/1995, livre/cassette. Chanterelle, PO Box 2235, Amherst MA 01004 USA.

Jacques, Sabin: Voir Richard Forest

Jeter le Pont: *Entrecroisé*, 1992, cassette. Méthé/Whittle, Rang St-Joseph, Ste-Béatrix (Québec) J0K 1Y0.

Jeter le Pont: *L'escapade*, 1994, CD. TSZ.

Joyal, Jean-Pierre, et Lina Remon: *Madame Bolduc: paroles et musiques*, Guérin éditeur, 1993, livre. TSZ.

Joyal, Jean-Pierre: *Danses d'ici: Musique traditionnelle du Québec*, AQLF, 1994, livre et CD. Avec Luc Lavallée. TSZ.

Joyal, Jean-Pierre et al. (Mario Boucher, éd.) : *Anthologie de la musique traditionnelle du Québec*, Fédération des sociétés d'histoire du Québec et AQLF, à paraître/coming soon, livre et CDs.

Labbé, Gabriel: *Les pionniers du disque folklorique québécois (1920-1950)*, l'Aurore, 1977, livre.

Labbé, Gabriel: *Masters of French Canadian Dance, vol. 3: Gabriel Labbé*, Smithsonian Folkways, 1980, LP. Avec Philippe Bruneau, piano.

Labbé, Gabriel: *Harmonica diatonique*, 1991, cassette. Avec Denis Pépin. TSZ.

Labbé, Gabriel: *Hommage à Alfred Montmarquette*, 1995, CD/cassette. Avec Richard Forest, Sabin Jacques et Mario Loiselle. TSZ.

Labbé, Gabriel: *Musiciens traditionnels du Québec (1920-1993)*, VLB Éditeur, 1995, livre.

Lacroix, Henri: *Masters of French Canadian Music, vol. 4*, Smithsonian Folkways, 1982 LP, 1988 cassette.

Lacroix, Henri: *100 ans de musique traditionnelle, vols. 1, 2, 1900-1940*, CD, 1998. TSZ.

Lambert, Yves: Voir La Bottine souriante

Lambert, Yves: *Les vacances de M. Lambert*, 1998, CD, MP.

Landry, Henry: *Henry Landry*, Philo-2002, 1973, LP.

Landry, Stéphane: *Accordéons diatoniques*, anthologie, Centre de valorisation du patrimoine vivant, 1989, CD. TSZ.

Landry, Stéphane: *La galope de la Rive-sud*, 1991, cassette. TSZ.

Landry, Stéphane: Voir Entourloupe.

Laporte, Pierre et Rémi, et Guignolée: *Retour*, 1994, CD/cassette. TSZ.

Laporte, Pierre: Voir La Bottine souriante, André Alain.

Laporte, Rémi et La vesse du loup: *En passant par les épinettes*, 1995, CD/cassette.

Lavalette, Philippe et Dominique Lajoue: *La danse de l'ours*, 198?, film. Paris: Centre national de rechreche scientifique.

Legault, Robert, Lisa Ornstein et Denis Pépin: *Les danseries de la belle province*, 1984, cassette. Centre de valorisation du patrimoine vivant.

Legault, Robert, Lisa Ornstein et Denis Pépin: *Les Danseries de Québec...de l'autre bord de l'eau*, 1986, cassette. Centre de valorisation du patrimoine vivant.

Lemieux, Daniel: Voir Manigance, Ojnab.

Loyer, Jean-Paul, et André Marchand: *Détournement majeur*, 1991, cassette. TSZ.

Loyer, Jean-Paul: *Ojnab: Le messager*, 1995, CD. TSZ.

Loyer, Jean-Paul: Voir Les Frères Labri.

Malouin, Fortunat: *100 ans de musique traditionnelle, vols. 1, 2, 1900-1940*, CD, 1998. TSZ.

Manigance: *Album souvenir, vol. 1*, 1988, cassette. Avec Daniel Lemieux, Paul Marchand, Bernard Simard, et al.

Manigance: *Nouvelles manigances*, 1991, cassette. Avec Claude Méthé, Daniel Roy, Daniel Lemieux, Paul Marchand et Bernard Simard.

Marchand, André, et Jean-Paul Loyer: *Détournement majeur*, 1991, cassette. TSZ.

Marchand, André, et Grey Larsen: *The Orange Tree*, Sugar Hill, 1993, CD.

Marchand, André, Lisa Ornstein et Normand Miron: *Le bruit court dans la ville*, 1997, CD/cassette. MP, TSZ.

Marchand, André: Voir Les Frères Labri, La Bottine souriante, Les Charbonniers de l'enfer, André Alain.

Martineau, Danielle: *Rockabayou*, 1992, CD/cassette. TSZ.

Martineau, Danielle et Denis Pépin: *Accordéon québécois I*, 1994, vidéo. TSZ.

Martineau, Danielle: *Autrement*, 1994, CD/cassette. TSZ.

Martineau, Danielle: *Bal Canaille*, 1996, CD/cassette. MP, TSZ.

Martineau, Danielle: *Accordélidon* (pour enfants/for children), 1998, CD/cassette. Tourne-Disque, 1440, rue William-Malo, Sainte-Mélanie (Québec) J0K 3A0.

Matthiesen, Bill: *The Waltz Book, vol. 1-2*, 1992/1995, livres. 33 Stormview Rd., Lanesboro MA 01237 USA.

Messervier, Marcel: *Accordéons diatoniques*, anthologie, Centre de valorisation du patrimoine vivant, 1989, CD. TSZ.

Méthé, Claude: Voir Manigance, Jeter le Pont, Dent-de-lion, Entourloupe.

Mimeault, Yvon: *Y'etait temps!*, CD/cassette, 1998. TSZ.

Mirandette, Jean-Claude: *La Matawin*, 1984, cassette. Mirandette, 5251, Brassard Sud, St-Zénon (Québec) J0K 3N0

Mirandette, Jean-Claude: *L'homme de la montagne*, 1998, CD/cassette à paraître/coming soon.

Mirandette, Jean-Claude: Voir Ojnab, Les Frères Labri, Les Charbonniers de l'enfer.

Miron, Normand, Lisa Ornstein et André Marchand: *Le bruit court dans la ville*, 1997, CD/cassette. MP, TSZ.

Miron, Normand: Voir Les Frères Labri, Les Charbonniers de l'enfer.

Montmarquette, Alfred: *Masters of French Canadian Music, vol. 2: Alfred Montmarquette, accordion*, Smithsonian Folkways, 1980 LP, 1988 cassette.

Montmarquette, Alfred: *Hommage à Alfred Montmarquette*, 1995, CD/cassette. Avec Gabriel Labbé, Richard Forest, Sabin Jacques, Mario Loiselle et al. TSZ.

Montmarquette, Alfred: *100 ans de musique traditionnelle*, vols. *1, 2, 1900-1940*, CD, 1998. TSZ.

Nightingale: *The Coming Dawn*, 1994, CD/cassette. PO Box 154, Brattleboro VT 05301.

Nightingale: *Sometimes when the Moon is High*, 1996, CD/cassette. PO Box 154, Brattleboro VT 05301.

Ojnab: *Le messager*, 1995, CD. TSZ.

Ornstein, Lisa, et Denis Pépin: *Les danseries de la belle province*, Centre de valorisation du patrimoine vivant, 1984, cassette. Avec Robert Legault, Yvan Brault, André Marchand, Daniel Roy (réalisateur).

Ornstein, Lisa: *A Life of Music: History and Répertoire of Louis Boudreault, Traditional Fiddler from Chicoutimi, Québec*, Thesis/ Thèse de M A, Université Laval, 1985.

Ornstein, Lisa, et Denis Pépin: *Les Danseries de Québec...de l'autre bord de l'eau*, Centre de valorisation du patrimoine vivant, 1986, cassette. Avec Robert Legault, Yvan Brault, André Marchand.

Ornstein, Lisa et Raynald Ouellet: *La troupe du vieux-moulin*, Messervier & Frères inc., ca. 1987, cassette.

Ornstein, Lisa, et André Gladu: *"Overview: Francophone Music and Dance in Canada."* (Québec et l'Acadie), *JVC/Smithsonian Folkways Video Anthology of Music and Dance of the Americas, vol. 1.* 1995.

Ornstein, Lisa, Normand Miron et André Marchand: *Le bruit court dans la ville*, 1997, CD/cassette. MP, TSZ.

Ornstein, Lisa: Voir La Bottine souriante, Simonne Voyer.

Ouellet, Raynald: *Raynald Ouellet et Marcel Messervier, Jr., vol 1 et 2*, 1986/1987, cassettes. Messervier Music, 614 rue du Régiment, Montmagny (Québec) G5V 4H2.

Ouellet, Raynald, et Lisa Ornstein: *La troupe du vieux-moulin*, ca. 1987, cassette.

Ouellet, Raynald: *Accordéons diatoniques*, anthologie, Centre de valorisation du patrimoine vivant, 1989, CD. TSZ.

Ouellet, Raynald: *Québec pure laine*, 1992, livre et cassette. Avec Yvon Cuillerier, Richard Forest, et Daniel Poirier. TSZ.

Ouellet, Raynald, et Benoît Bourque: *La gigue vol. 1*, livre/cassette en français; book/cassette in English. TSZ.

Ouellet, Vincent: Voir Éritage.

Pariso, Edmond: *Edmond Pariso et son violon, vol. 1-3*, cassettes.

Perlman, Ken: *Fiddle Music of Prince Edward Island*, Mel Bay, 1996, book.

Pépin, Denis, et Lisa Ornstein: *Les danseries de la belle province*, Centre de valorisation du patrimoine vivant, 1984, cassette. Avec Robert Legault, Yvan Brault, André Marchand, Daniel Roy (réalisateur).

Pépin, Denis, et Lisa Ornstein: *Les Danseries de Québec...de l'autre bord de l'eau*, Centre de valorisation du patrimoine vivant, 1986, cassette. Avec Robert Legault, Yvan Brault, André Marchand.

Pépin, Denis: *Denis Pépin*, 1991, cassette.

Pépin, Denis: *Quadrilles de Sainte-Basile et de Portneuf/Musique de danse*, Le Terroir, LP.

Pépin, Denis: *Accordéon québécois I*, 1994, vidéo. Avec Danielle Martineau. TSZ.

Picard, Jean-Louis et al.: *Les musiciens de l'Île d'Orléans: Portrait du vieux Kébec, vol. 6*, Le Tamanoir, LP.

Picard, Jean-Louis et al.: *Musique traditionnelle du Québec: L'accordéon*, 1975, CD/cassette. TSZ.

Pigeon, Marcel et Phylias: *Accordéons diatoniques*, anthologie, Centre de valorisation du patrimoine vivant, 1989, CD. TSZ.

Pigeon, Marcel et Phylias: *Les frères Pigeon, vol. 1 et 2*, 1989/1995, cassettes. TSZ.

Poirier, Daniel: *Québec pure laine*, 1992, livre et cassette. Avec Yvon Cuillerier, Richard Forest, et Raynald Ouellet. TSZ.

Poitras, Harry: *Le miroir d'argent*, anthologie, 1994, CD. TSZ.

Racine, Martin: Voir La Bottine souriante.

Réhel, Hermas, Philippe Bruneau et Pierre Chartrand: *La gigue québécoise*, AQLF , 1991, video. TSZ.

Reiner, David, and Peter Anick: *Old-Time Fiddling Across America*, Mel Bay Publications, 1989, livre.

Remon, Liette: *Un p'tit air de famille*, 1997, CD. TSZ.

Rêve du diable, Le: *Avec cholestérol*, CD/cassette, 1991. TSZ.

Reve du diable, Le: *Résurection*, Le Tamanoir, 1996, CD. Avec Daniel Roy.

Ringuette, Willie: *100 ans de musique traditionnelle, vols. 1, 2, 1900-1940*, CD, 1998. TSZ.

Roy, Daniel: *Voyage musical Québec*, Silex, 1994, CD.

Roy, Daniel: *Au tour du flageolet*, 1996, CD. MP, TSZ.

Roy, Daniel, et Daniel Thonon: *Trafic d'influences*, 1997, CD.

Roy, Daniel: *L'Aventure en musique: Fête de la Nouvelle-France*, 1997, CD.

Roy, Daniel, et Yvon Mimeault: *Y'etait temps!*, CD/cassette, 1998. TSZ.

Roy, Daniel, et Danielle Martineau: *Accordélidon* (pour enfants/for children), 1998, CD/cassette. Tourne-Disque, 1440, rue William-Malo, Sainte-Mélanie (Québec) J0K 3A0.

Roy, Daniel, et Yves Lambert: *Les vacances de M. Lambert*, 1998, CD, MP.

Roy, Daniel: Voir Manigance, La Bottine souriante, Entourloupe, Rêve du diable, Charbonniers de l'enfer, Michel Faubert.

Soucy, Isidore: *Les chansons de chez nous...Isidore Soucy*, RCA Victor, 1966, LP.

Soucy, Isidore: *Tout l'monde en place...Isidore Soucy*, RCA Victor, 1967, LP.

Soucy, Isidore: *Chez Isidore...Isidore Soucy*, RCA/BMG, 1987 cassette.

Soucy, Isidore: *Chansons à répondre...La Famille Soucy*, RCA/BMG, 1987, cassette.

Soucy, Isidore: *Isidore Soucy: Héritage québécois*, MCA Coral, 1988 cassette, 1991 CD.

Soucy, Isidore: *100 ans de musique traditionnelle, vols. 1, 2, 1900-1940*, CD, 1998. TSZ.

Thomassin, Adélard: *Musique traditionnelle pour la danse, région de Québec*, Laridaine, 1978, LP.

Thomassin, Adélard: *Le rêves d'Adélard*, 1988, cassette.

Thomassin, Adélard: *Accordéons diatoniques*, anthologie, Centre de valorisation du patrimoine vivant, 1989, CD. TSZ.

Thomassin, Adélard: *Les arrivants (Danseurs de la vallée Saint-Jean)*, 1990, cassette.

Thomassin, Adélard et al.: *Un cachet d'ambiance (Danseurs du Madawaska)*, 1996, cassette.

Townsend, Graham: *Classics of Irish, Scottish and French-Canadian Fiddling*, Rounder, 1978, LP.

Tremblay, Joseph-Marie: *Accordéons diatoniques*, anthologie, Centre de valorisation du patrimoine vivant, 1989, CD. TSZ.

Verret, Jean-Marie et Lise: *La Famille Verret, vol. 2*, Philo, 1975, LP.

Verret, Jean-Marie et Lise: *French Canadian Dance Music*, Smithsonian Folkways, 1983, LP.

Verret, Jean-Marie et Lise: *Jean-Marie Verret Rend Hommage à Pit Jornoch*, Smithsonian Folkways, 1990, cassette. TSZ.

Verret, Jean-Marie, Lise et Martin: *Reflets du passé*, 1993, cassette. TSZ.

Verret, Jean-Marie, Lise et Martin: *Quadrille du XIXe et XXe siècle*, 1997, CD. TSZ.

Verret, Jules et Lise: *La Famille Verret, vol. 1*, Philo, 1974, LP.

Verret, Yvan: *Accordéons diatoniques*, anthologie, Centre de valorisation du patrimoine vivant, 1989, CD. TSZ.

Verret, Yves: *Le miroir d'argent*, anthologie, 1994, CD. TSZ.

Voyer, Simonne: *La danse traditionnelle dans l'Est du Canada*, 1986, livre. Univ. Laval. (Avec Lisa Ornstein.)

Whitcomb, Ed: *Canadian Fiddle Music vol. 1: 463 Original Tunes by 120 Composers*, 1990, livre.

Wilson, George, et Selma Kaplan: *Off With the Good Old St. Nicholas Boat*, cassette.

Appendix V: Tune Type Index for Contradance Musicians

This index organizes the tunes by type (reel, 6/8, waltz) and by form (number of parts, regular or irregular) so that those playing for New England contradancing can find tunes that fit their requirements. We use "regular" to denote tunes in which all parts have a number of pulses divisible by 8. We use "irregular" for tunes which don't meet that definition.

Since contradance musicians require regular, 2-part, 32-bar tunes, we have risked offending the purists by suggesting modification to the repeat structure of some tunes in order to make the tunes fit for contradances. This sometimes results in a double-length, 64-bar tune; thus the dance will run twice for every once through the tune.

Irregular tunes are probably unusable for contradances, although we have occasionally used them ourselves in close collaboration with the caller.

Note: Numbers refer to tune numbers, not page numbers.

Reels:

Regular 2-part reels, 32 bars, good for contradances:

2(variation), 6, 9, 13, 15, 17, 22, 25, 26, 28, 31, 32, 34, 46, 50, 57, 62, 63, 71, 72, 80, 81, 83, 91, 92, 111, 116, 118.

Regular 2-part reels, not 32 bars, good for contradances with repeat modification:

16 (AAAABBBB), 18 (AAA'A'BBBB), 24 (AB), 27 (AB), 30 (variation, AB), 43 (AAAABBBB), 49 (AABBBB), 56 (AAAABBBB), 60 (AAB), 66 (ABB), 74 (AABBBB), 96 (AB), 102 (ABB), 105 (ABB), 106 (ABB), 112 (AAB).

Regular 3- and 4-part reels, 64 bars, can be played for contradances:

52, 68, 119

Regular 3- and 4-part reels, good for contradances with repeat modification:

14 (AABBCCCC), 23 (AABC), 29 (ABCC), 37 (AABBAAC), 40 (AABCC), 69 (AABC), 75 (ABCC), 76 (AABCC), 86 (AA 1/2 B C), 95 (ABCC), 104 (AABC), 109 (AABBAAC), 113 (AABBCCCC).

Irregular reels:

1, 2, 3, 4, 5, 7, 8, 10, 19, 20, 21, 30, 35, 36, 39, 42, 45, 47, 48, 51, 58, 59, 61, 67, 70, 73, 77, 78, 79, 82, 85, 87, 89, 93, 97, 103, 121.

6/8s:

Regular 2-part 6/8s, 32 bars, good for contradances:

11 (variation), 12, 38, 41, 64, 115.

Regular 6/8s, 64 bars, can be played for contradances:

33, 65

Regular 6/8s, good for contradances with repeat modification:

84 (AABC), 99 (AB), 122 (ABCC).

Irregular 6/8s:

11, 44, 90, 114.

Waltzes:

53, 54, 55, 88, 94, 98, 100, 101, 107, 108, 110, 117, 120.

Appendice /Appendix VI: Index des musiciens, des compositeurs et des groupes / Players, Composers and Ensembles Index

Note : Répertoriés alphabétiquement par nom de famille ou nom de groupe. Les numéros font référence au numéro de pièce et non au numéro de page. Quand le nom d'une personne est mentionné dans une biographie, le numéro de la pièce qui suit cette biographie est donné dans l'index.

Note: Alphabetical by last name or name of group. Numbers refer to tune numbers, not page numbers. Where a person's name is mentioned in a biography, the number of the tune which follows that biography is given in the index.

André Alain 1, 2, 3, 4, 5, 6, 7, 8, 9, 10, 29, 39, 67
René Alain 75
Joseph Allard 11, 12, 13, 16, 39, 74
Louis Beaudoin 14, 15, 16, 21, 25, 39, 74
Lévis Beaulieu 17
Carmelle Bégin 33, 37, 39, 52, 65, 98, 99
Napthalie Billette 18, 19
Louis Blanchette 20
Madame Bolduc 46, 63
Michel Bordeleau 21, 23, 51, 85, 86, 87, 117
La Bottine souriante 1, 2, 8, 9, 10, 14, 16, 21, 29, 30, 35, 36, 39, 40, 43, 45, 46, 48, 51, 8, 66, 68, 69, 74, 75, 82, 85–88, 96, 97, 100, 101, 104, 108, 117, 122
Guy Bouchard (of Baie-des-Rochers) 22
Guy Bouchard (of Val-Bélair) 21, 35, 41, 79
Jos Bouchard 23, 24, 25, 26, 27, 28, 29, 30, 31, 32, 33, 40, 46, 60, 66, 79, 96
Pius Boudreau 36
Didace Boudreault 35

Louis Boudreault 2, 21, 34, 35, 36, 39, 51, 52, 66
Benoît Bourque 67
Elmer Boyd 42
Yvan Brault 66, 95
Philippe Bruneau 24, 33, 37, 38, 51, 52, 53, 55, 65, 69, 98, 99, 112
Jean Carignan 21, 30, 36, 39, 40, 54, 69, 79
Armand Chastenay 4
Michael Coleman 39
Jos Cormier 69
Eric Corrigan 41
Keith Corrigan 41, 42, 43, 44, 66
Patrick Corrigan 41, 43
Ronald Cotnoir 89
John Coutts 36
Yvon Cuillerier 12, 13, 16
Xavier Dallaire 34
Benoît Denis 45
Gustave Denis 45

Dent-de-lion 21
Pamby Dick 30
Theodore Duguay 46, 112
Entourloupe 89, 122
Éritage 24, 34, 60, 63, 64, 65, 67, 109
Michel Faubert 51, 88
Éric Favreau 79, 89, 90, 93
Georges Ferland 47
André Filion 32
J-P Fillion 97
Johann Fischer 2
James Fishar 2
Winston "Scotty" Fitzgerald 74
Richard Forest 31, 32, 91, 92
Firmin Francoeur 48
Frères Brunet, Les 51, 67, 103, 112
Frères Labri, Les 51, 61, 114, 118
Aimé Gagnon 49, 50
William Gagnon 51, 52
Conrad Gauthier 63
Mario Gervais 56
Gaétan Girard 52
Joseph Guilmette 53, 112
Laurie Hart 5, 23, 67, 94
Donna Hébert 26, 74
Sara Hiebert 32
Dorothy Hogan 98
Pit Jornoch 79
Jean-Pierre Joyal 13, 27, 28, 46
Harold Kack 44
Selma Kaplan 77
John Kimmel 37, 39, 82
Paul Kotapish 32
Gabriel Labbé 42, 54, 63, 68
Henri Lacroix 53, 55
Donat Lafleur 75
Gérard Lajoie 113
Yves Lambert 21, 46, 82, 87, 100, 101
Mario Landry 89
Stéphane Landry 105
Henri Landry 56
Pierre Laporte 21, 39
Rémi Laporte 11, 16
Gilles Laprise 57
Robert Lasanté 58
Normand Legault 59, 71, 78
Robert Legault 18, 19, 20
Daniel Lemieux 93
Germain Lemieux 48
Joseph Lowe 10
Guy Loyer 100
Jean-Paul Loyer 83, 114, 115, 116
Alexander MacDonald 1
Fortunat Malouin 60
Manigance 2, 34, 36, 51, 93, 122
André Marchand 21, 83, 117
Danielle Martineau 66, 101
Denis Mathieu 14
Don Messer 16, 26, 69, 74, 79

Joseph Messervier 102
Marcel Messervier, Jr. 21, 60, 102, 110
Marcel Messervier, Sr. 68, 102, 103, 104,
    105, 106, 107, 108
Claude Méthé 49, 70
Jean-Claude Mirandette 61, 118, 119, 120, 121
Lucien Mirandette 61, 62
Normand Miron 35, 53, 55, 98, 107
Montagnards laurentiens, Les 17, 46, 113
Alfred Montmarquette 42, 54, 63, 64, 65, 72, 112
James Morrison 39
Nightingale 49, 69
Ojnab 93, 114, 115, 118
Lisa Ornstein 10, 15, 16-19, 22, 32, 34, 35,
    42-45, 47, 49, 50-52, 54, 56-58, 66, 70, 73, 74,
    77, 83, 88, 94, 95, 102, 103, 107, 112
Raynald Ouellet 21, 60, 63, 64, 109, 110, 111
Vincent Ouellet 60, 64, 67
Louis-Philippe Pariseau 63
Edmond Pariso 68
Denis Pépin 17, 29, 32, 42-44, 50, 51, 57, 58,
    66, 69, 83, 88, 101, 102, 104, 107, 112
Marc Perreault 70
Jean-Claude Petit 69
Hervé Picard 112
Jean-Louis Picard 71
Lorenzo Picard 112
Arthur Pigeon 72
Marcel Pigeon 72
Phylias Pigeon 72
Harry Poitras 70
Thomas «Quêteux» Pomerleau 56
Québec pure laine 6, 13, 28, 31, 34, 46, 66, 81, 83
Martin Racine 21, 29, 46, 48, 76, 82, 96
Hermas Réhel 74
Willie Ringuette 36, 39, 40
Daniel Roy 21, 51, 52, 56, 58, 105, 122
Willie Shea 44
Lionel Simard 37
J. Scott Skinner 39
Isidore Soucy 1, 6, 21, 30, 36, 39, 51, 66, 75,
    76, 77, 79
Famille Soucy, La 1, 75, 77
Adélard Thomassin 113
Graham Townsend 30
Joseph-Marie Tremblay 78
William Tremblay 10
Trio San Antonio, Le 96
Thomas Vaillancourt 34
Jean-Baptiste Verret 79
Jean-Marie Verret 60, 65, 79, 80, 82, 97
Jules Verret 79, 81, 82, 83, 84
Lise Verret 79
Martin Verret 60, 82
Pierre Verret 79
Yvan Verret 79
Yves Verret 42, 79
Simonne Voyer 73
George Wilson 77

Appendice /Appendix VII: Index des titres / Title Index

Note : Cet Index présente d'autres titres possibles ainsi que la traduction (anglaise) de ces titres. Les numéros font référence aux numéros des pièces et non aux numéros de pages.

Note: This index includes alternate titles and English translations of titles. Numbers refer to tune numbers, not page numbers.

6/8 en ré (in D) .... 38 ☉CD
6/8 en sol (in G) .... 41 ☉CD
6/8 gallant 33
Acadian woman 75
Acadienne, L' 75
Air du Saguenay .... 78 ☉CD
Am-C-F 33
Archie Menzie's Reel 10
Bal des accordéons, Le 94
Barber's dance 47
Batteux, Le 35
Béatrice 29
Beggar Tremblay's dream 10
Belle Catherine, La 36
Bellechasse, La 80
Beluga Waltz 117
Big Guy's Step-dance 67
Bistringue, La 80
Blacksmith's dance 12
Bonhomme et la bonnefemme
   chicaneux, La 74
Bonne rivière, La 109
Bonne-femme Noël, La 61
Braes of Mar 36
Brandy, Le 51
Bridal Festival Quadrille 33
Camp-walk 114
Cardeuse, La 52
Carnaval 23
Célina 34
Chamberlain's 16
Chicaneuse, La 67
Claqueuse, La 62
Clog à Ti-Jules .... 79 ☉CD
Clog de Pariseau 63
Commonwealth Reel 68
Confessing fiddle 90
Cotillon de Baie-Ste-Catherine .... 73 ☉CD
Cotillon des Baies-des-Rochers 22
Cotnoir sisters 89
Danse des foins 45
Danse du barbier .... 46 ☉CD
Danse du sauvage 47
Dedicado à Jos 96
Dent-de-lion 21
Déshabille-toi 22
Disputeuse, La 67
Drops of Brandy 51
Elmer's Tune 42
Eskimos' reel 5, 6
Eugène .... 72 ☉CD
Father Bruneau's reel 112
Father Mathias' step-dance 113
First part of Lancers 59
Fisher's Hornpipe .... 2 ☉CD
Fitzmaurice Polka 37

Fleur de mandragore 85
Foin, Le 45
Four Hand Reel 3
Four horseshoes in the air 87
Four Little Blackberries 30
Galope à Denis, La .... 95 ☉CD
Galope de la Malbaie .... 25, 26 ☉CD
Galope 16, 24
Gigue 58
Gigue à Célina 34
Gigue des capuchons .... 11 ☉CD
Gigue du forgeron 12
Gigue du grand slaque, La 67
Gigue du lac 97
Gigue du père Mathias .... 113 ☉CD
Good river 109
Grande gigue simple, La .... 21 ☉CD
Grandpa's reel 15
Great simple step-dance 21
Grondeuse, La 45, 67, 74
Growling Old Man and the
   Grumbling Old Woman 74
Grumbling woman 67
Guenille, La 14
Guenilles, Les 14
Hairy people's reel 77
Hanged man's reel 39
Hanged man's widow 121
Hangman's reel 39
Hay 45
Hommage à Dorothy Hogan 98
Hommage à Edmond Pariso 68
Hommage à Jos Bouchard 99
Hommage à nos musiciens 102
Hommage à Philippe Bruneau 100
Hood dance 11
Indian dance 47
Jack Delad 3
Jessy's Waltz 107
Leather Britches 1
Left-hander's reel 56
Little lumberjack 1
Little visits 71
Logging-camps reel 13
Lord McDonald's Reel 1
Lost Indian Reel 39
MacDonald's March 69
MacDonald's 69
Mackilmoyle's Reel 25, 26
Mandragora flower 85
Marche au camp .... 114 ☉CD
Marche Cécilia 42
Marche des raquetteurs, no. 1 64
Marche des raquetteurs, no. 2 65
Marie, dip your bread 9
Marie, sauce ton pain 9